Yshouk Ursula Kirsch

Das Lenormand-Arbeitsbuch

Yshouk Ursula Kirsch

Das Lenormand Arbeitsbuch

KAILASH

Abbildungen aus den Lenormand-Karten Blaue Eule
mit freundlicher Erlaubnis des Königsfurt-Urania Verlags

Bibliografische Information der Deutschen Bibliothek
Die Deutsche Bibliothek verzeichnet diese Publikation in der
Deutschen Nationalbibliografie; detaillierte bibliografische Daten
sind im Internet unter http://dnb.ddb.de abrufbar.

Umschlaggestaltung: Weiss/Zembsch/Partner: Werkstatt München
Satz: EDV-Fotosatz Huber/Verlagsservice G. Pfeifer, Germering
Druck und Bindung: Print Consult, Grünwald
Printed in Slovak Republic

ISBN 978-3-7205-6044-3

Danke!

Mein Dank gilt Madame und all denen, die nach ihr kamen, aus deren Erfahrungsschatz ich schöpfen konnte, mich daran nähren, eigene Erfahrungen sammeln und nun mit diesem Buch meinen eigenen Beitrag zum Großen Ganzen hinzufügen kann. In ihm breite ich das von mir gesammelte Wissen vor Ihnen aus, damit Sie nun Ihrerseits eigene Schritte mit Madame und ihrer Kunst des Kartenlegens, des Kombinierens und des Sich-Beziehens auf ein Gegenüber tun mögen.

Viel Erfolg und inspirierende Erkenntnisse!

Ihre
Yshouk Ursula Kirsch.

Wenn Sie mehr über die Autorin erfahren möchten, besuchen Sie ihre Website:
www.yshouk-kirsch.de

33
29
2
26
22

Inhalt

Impuls

Zu Zeiten, als ich täglich sehr früh morgens eine größere Runde im Wald ging, besuchte ich regelmäßig eine Buche, die am Rand meines Weges lag. Ich umarmte und begrüßte sie. Diese Geste, die zum täglichen Ritual wurde, gehörte bald zu uns. Eines Morgens, es war kurz nach fünf Uhr und mich plagte meine damalige Perspektivelosigkeit, lehnte ich mich an die Buche und schüttete ihr mein Herz aus: »Ich weiß überhaupt nichts«, klagte ich. Sie schien sich zu mir herzuneigen und antwortete prompt: »Wir hier wissen auch alle nichts. Wer nichts weiß, kann gut hören!«

Mein Befinden änderte sich schlagartig. Ich stand mitten in einem noch blätterlosen Buchenwald, dem bereits die Knospen schwollen, und »sah« förmlich all die Bäume um mich herum in einem ganz neuen Licht. Sie schienen wirklich in höchster Achtsamkeit ihre Äste und Zweige weit auszustrecken, um auf den Kosmos zu lauschen, aufrecht und klar. Jede einzelne Buche, verbunden mit allen und allem. Diese hohe Achtsamkeit und Hingabe beeindruckten mich außerordentlich und zogen mich in ihren Bann. Zeit schien keine Rolle zu spielen, weder die vergangene noch die zukünftige. Beziehung pur – und ich mitten drin!

Ich hatte an diesem Morgen den Eindruck, eine Lektion fürs Leben empfangen zu haben. Und seit diesem Tag übe ich. Das Hören, die Achtsamkeit, die Hingabe. Was entsteht? Kontakt, Verbindung, Beziehung.

Die Lenormandkarten ermöglichen mir die Übung des achtsamen Hörens besonders leicht und gleichzeitig sehr intensiv. Mit jeder Frage beziehe ich mich für einen Moment ganz auf die Karten. Die Bilder erschließen sich mir immer wieder neu, sie werden mir bei jedem Hinschauen immer mehr zu ganz persönlichen Freunden.

Mit der Zeit wurden meine Fähigkeiten im Hören immer genauer und feiner. Das Hören ist eine empfangende Haltung, und ich assoziiere damit Weiblichkeit: Becken, Schoß, Raum, Entwicklung, Wachstum, Zyklen, passives und aktives Geschehen. Ich weiß, dass innerhalb dieser Formlosigkeit die Dinge ohne mein Zutun wachsen, sobald ich Raum dafür anbiete. Diese Gewissheit war ein weiterer Hinweis auf meine persönliche Aufgabe und Gabe, die zur Hingabe führen will.

Manchmal ist es nicht leicht, der eigenen Bestimmung zu folgen. Die Psychotherapeutin Ingrid Riedl formuliert es so: »Ich bin nicht immer auf der Höhe meiner Tiefe!« Dieses wissende Wahrnehmen verbindet uns.

In diesem Sinne entstand das Buch, das Sie in Händen halten. Sie können mit dem Lesen nach Belieben beginnen. Insgesamt bauen alle Kapitel aufeinander auf. Sie können sich aber auch ein Kapitel heraussuchen, das Sie besonders interessiert, und mittendrin beginnen.

Einführung

Die ersten Lenormandkarten, die ich kennen lernte, waren die der »Blauen Eule«. Die Bilder sprachen mich aufgrund ihrer einfachen Klarheit stark an und weckten meine Resonanzfähigkeit. Diesen blieb ich über die ganzen Jahre treu, da gerade sie für mich im Detail sehr aussagekräftig sind. Sie wirken auf mich zurückhaltend, eindeutig und frei von Sentimentalität. Anhand dieser 36 Kartenbilder vermittele ich Ihnen die Grundbedeutungen der Lenormand-Wahrsagekarten und zeige Ihnen, wie Sie die unterschiedlichen Darstellungen, welche die Karten zeigen, mit Ihrer konkreten Frage in Beziehung setzen, sie deuten und wie Sie so Antworten auf Ihre Fragen erhalten. Sie erfahren, was die Karten in Kombination mit anderen bedeuten, und mit den verschiedenen Legesystemen, deren Krönung die so genannte große Lenormandlegung ist, gelangen Sie schließlich zu umfassenden Ergebnissen. Mit zahlreichen Übungen zu den jeweiligen Kapiteln erarbeiten Sie sich auf diese Weise viel Handwerkszeug, so dass Sie gut vorbereitet das »Große Blatt«, die eigentliche Lenormandlegung, mit allen 36 Karten ohne Schwierigkeiten auslegen und entziffern können.

Sie finden eine Vielzahl von Begriffen, die den Karten zugeordnet sind und die Ihnen bei den Deutungen helfen. Diese sind Anhaltspunkte; ich verzichte weitgehend auf Rezepte und feststehende Kombinationsdeutungen, wie Sie sie in manchen anderen Büchern zu den Lenormandkarten finden, weil es mir um das Verstehen von und das Vertrauen in Lebenszusammenhänge und in Beziehungssysteme geht. Diese sind immer individuell, nie pauschal. Lassen Sie sich visuell und emotional auf die Bilder und Symbole ein und entdecken Sie dabei Ihre Intuition. Wenn Sie die Karten für andere Menschen befragen, braucht es zudem Empathie und Freude an Begegnung. Schauen Sie hin, hören Sie zu!

In vielen Kapiteln finden Sie Aufgaben zu den jeweiligen Themen sowie Leerräume, die auf Ihre Worte und Ihre Assoziationen zu den Karten warten. Andere Aufgaben wiederum sind so gestaltet, dass Sie im Lösungsteil nachschlagen können (ab Seite 183) um Ihre eigene Antwort und meinen Vorschlag zur Antwort zu vergleichen. Beispiele erleichtern Ihnen die Umsetzung der abstrakten Ausführungen für die eigene Deutung. Dabei findet sich Kurzgefasstes ebenso wie Ausführliches. Die umfassenden Beispiele zeigen, wie die den Karten zugeordneten Worte und Grundbedeutungen zu einer konkreten

Geschichte werden. Als dialogisches Arbeits- und Studienbuch gedacht, ist dieses Buch letztlich nie »fertig«, sondern wird von Ihnen immer weiter gestaltet. Machen Sie es aktiv zu Ihrem ganz persönlichen Buch, breiten Sie sich darin aus, beginnen Sie es als »unbeschriebenes Blatt« und geben Sie ihm ihre intime Handschrift. Womöglich wird dies zu einer einzigartigen Erfahrung für Sie! Ich liefere Ihnen Anregungen und Anleitung, gemeinsam mit mir die Tiefe und die Weite der Karten im Dialog zu erforschen. Denn das Leben hat sehr viel Bedeutungsvolles, und die Lenormandkarten spiegeln dies, so alltäglich sie uns auch mit ihren Bildern anschauen. Werden Sie mit den Karten vertraut, gehen Sie mit ihnen ein Stück Ihres Lebensweges und machen Sie sie sich zu Freunden. Gute Reise!

Rudolf Steiner sagt, alle Gedanken sind schon längst gedacht, sie sind bereits vorhanden. Wir können uns an den unermesslichen Pool dieses geistigen Gutes anschließen, um Zugang zu all dem Wissen zu erhalten, das wir heute benötigen. Dazu dient auch der persönliche Zugang zu den Lenormandkarten. Trauen Sie sich voll Überzeugung Ihren eigenen Weg mit den Karten zu.

Für mich sprechen diese Karten täglich eine neue Sprache. Einem Spiegel gleich zeigen sie, was momentan vorhanden und augenblicklich sichtbar ist. Genüssliches und Unbequemes. Sie beziehen sich sowohl auf die an Sie gestellte Frage wie auch auf die Fragenden selbst und deren Befindlichkeit zum Zeitpunkt der Frage.

Und treu dem Prinzip des Spiegels sind die Karten als solche völlig neutral und objektiv. Erst das, was die Betrachtenden daraus machen, was sie hinein interpretieren und was sie mit den Darstellungen assoziieren, gibt der Karte Bedeutung und wandelt das Objektive in ein Subjektives. Und das ist das Wesentliche. Kartenlegen ist zu jeder Zeit eine rein subjektive Angelegenheit. Jede Legung ist einzigartig! Und ebenso jede Deutung.

Es freut mich außerordentlich, Ihnen meine Art des vitalen konstruktiven Denkens weiterreichen zu können. Es unterscheidet sich vom allseits bekannten positiven Denken dadurch, dass Hindernisse und Schwierigkeiten des Lebens ihre Berechtigung haben dürfen – ich kenne sie aus eigener Erfahrung – doch wie wir Menschen damit umgehen, ist eine ganz persönliche Entscheidung. Denn Dank dieser oft mühseligen Weggenossen und deren Impulse wird der Mensch immer mehr zu dem, als der er schon immer gedacht ist. Jede Grenze, jeder Widerstand und jede Aussichtslosigkeit hält für uns Menschen ein Geschenk, einen Schatz bereit, der sich speziell solche Erfahrungshintergründe sucht, um sich zu zeigen, ja, um sich überhaupt zeigen zu können. Dieser unkonventionelle Weg in der Interpretation der Lenormandkarten ist mit meinem persönlichen Sein und Werden authentisch und den dadurch erhaltenen Zugewinn an Freiheit gebe ich gern weiter. Aus dieser Sicht heraus wird aus Schicksal Bestimmung! Wenn Ihnen diese Gangart entspricht, wissen Sie, wovon ich spreche: Übliche Wege zu verlassen erfordert Mut! Legen Sie sich oder anderen die Karten mit der Haltung der Lebens- und Menschseinsbejahung. Denn aus diesem Blickwinkel betrachtet ist Unzufriedenheit z. B. nichts anderes als eine Quelle, ein Motor, der dazu antreibt, Zufriedenheit zu erlangen, die letztlich zur Befriedung mit sich selbst und dem eigenen Sein führt.

Und deshalb sind für mich gerade die Lenormandkarten mit ihren Bildern von Mäusen, Schlange, Eulen, Kreuz, Sarg, Ruten, Fuchs, Schlange, Wolken und Berg Weggefährten, die erst Dank des »Knotens«, den sie womöglich anzeigen, eine wesentliche Facette der betreffenden Persönlichkeit zeigen können, die auf Konstruktives verweist. Das Kapitel *Die Schätze der Tiefe* (Seite 125) geht auf dieses Thema im Besonderen ein.

Beziehungen – wie verbunden sind wir?

Das Kartenlegen mit den Lenormandkarten regt dazu an, sich mit den einzelnen Karten genauer auseinanderzusetzen, mehr in den Bildern zu sehen als Überschriften und Schlüsselworte hergeben, die natürlich gleichzeitig und sehr wohl zu Recht ihre Bedeutung haben.

Es geht um die Erweiterung dessen, was ist. Erhöhung, Vertiefung, wie immer Sie es nennen wollen. Und schon verbinden Sie sich mit den Darstellungen, schon sind Sie in einen Bezug zu etwas außerhalb von Ihnen getreten, dem Sie Bedeutung zumessen.

Nehmen wir die Karte des Fuchses. Sie steht u. a. für die Lüge. Wenn ich nun in diese Gestalt des Fuchses eintauche, mich hineinfühle, um für einen Moment ganz Fuchs zu sein und mich dabei ernsthaft frage, um was es wirklich geht, dann können Fragen auftauchen zu Themen wie: Wahrnehmung, Selbst- und Fremdwahrnehmung, Achtsamkeit, Gewahrsein, Wachheit, Bewusstheit, Ganz-bei-sich-Sein, Instinkt, Peripherie. Ihnen fallen voraussichtlich noch andere Begriffe ein. Dank dieses emotionalen und intuitiven Einlassens erschließen sich neue Perspektiven und Ebenen zur Aussage »Lüge« und erweitern sowohl den Blick wie auch die Einstellung. Eine spezifischere Deutung oder Fragestellung wird möglich.

Auf diese Weise werden die Karten zu einer lebendigen Schule des »Sich-in-Beziehung-Setzens«, denn sich auf jemanden oder etwas beziehen ist immer vital und ein Austausch von Energie. Und so kann dieselbe Karte heute dies bedeuten und morgen etwas anderes, ohne beliebig zu sein. Natürlich liegt das Potenzial unterschiedlicher Bedeutungen schon allein in den Kombinationen, in der sich die Karte heute oder morgen befindet. Doch darüber hinaus gehen wir mit jeder Frage eine einmalige Beziehung zu den Karten ein, sowohl die Fragenden wie auch diejenigen, die die Antwort finden. Eine solche Konstellation ähnelt einem Dreiklang: ich – du – sie (die Karten).

Ich beschreibe Ihnen hier eine Lebensform, welche die Dinge ausdrücklich aufeinander bezieht. Dies geschieht bei jedem von uns in der Regel sehr rasch und bleibt unbewusst, denn alles, was wir hören und erleben, setzen wir innerlich sofort in einen Bezug zu bereits vorhandenen Erfahrungen.

Ein Beispiel will zeigen, wie das funktioniert. Stellen Sie sich eine junge Frau vor:

Sie ist Sozialwissenschaftlerin – Inderin – HIV-infiziert – arbeitslos.

Welches Bild erscheint vor Ihrem inneren Auge? Wie verändert es sich mit jedem weiteren Begriff? Bejahung? Verneinung? Versöhnung?

Der Esoteriker, Autor, Komponist und Choreograf Georges I. Gurdijeff spricht in einem solchen Zusammenhang von genau diesen drei Grundpfeilern der Wahrnehmung. Wahrscheinlich haben Sie diese drei Stadien gerade beim Lesen erfahren, als Sie die Vorstellungsübung mit der jungen Frau machten. Welche Assoziationen waren bejahend, welche verneinend und ab wann empfanden Sie Versöhnendes, Verbindendes?

Auf dieselbe Weise will auch das Kartenlegen verstanden sein. Ja und Nein in den Karten verbinden sich in der Annahme! Dieses Versöhnen findet in der Tiefe statt, im Eintauchen in unsere Wurzeln, in der Beziehung zu uns selbst ohne äußere Rollen, Aufgaben und Zuständigkeiten, indem wir alle unsere persönlichen Anteile mehr und mehr zu uns nehmen und sie in unsere Persönlichkeit integrieren.

Diese Fähigkeit des bewussten Sich-Beziehens auf etwas und auf jemanden ist für jeden, der Karten legt, unabdingbar. Jeder Mensch hat bestimmte Bedingungen, wie er in Beziehung zu den Wesen und Dingen der Welt tritt, so auch zu den Karten. Ich zeige diese einzelnen Schritte ausführlich, um das, was wir täglich meist automatisch tun, in einer Legung mit Bewusstheit zu füllen, im Wissen um die Vielzahl von Ebenen und inneren Vernetzungen. Damit wir in Beziehung treten können, braucht es mindestens zwei Faktoren, ein Ich und ein Du oder ein Ich und ein Es.

1. In diesem Buch lernen Sie die Charaktere jeder einzelnen Lenormandkarte und deren Eigenschaften kennen. Jede fordert Sie auf, sich auf sie zu beziehen, einzutauchen in die verschiedenen Stufen der Wahrnehmung und deren Spiegelung.
2. Eine solche Betrachtung erlebt im Weiteren eine deutliche Ausdehnung, sobald zwei Karten miteinander kombiniert werden. Schon jetzt zeigt sich die Beziehungsvielfalt ganz offensichtlich.
3. Es geht weiter. Jede Karte will zusätzlich zu ihrer eigenen Aussage noch in Bezug zu einer Frage, einer Situation und weiteren Karten gesehen und verstanden werden.
4. Als Krönung dieser ganzen Beziehungspyramide stellen sich die Persönlichkeiten dazu, diejenige, die fragt, und diejenige, die antwortet.

Wenn Sie das Kartenlegen unter diesem Aspekt der Beziehungsaufnahme erleben, können Sie den Spiegel, den Sie durch die Legung erhalten, mit Leichtigkeit und Forscherdrang auf Ihre tatsächliche aktuelle Lebenssituation übertragen. Er spiegelt Ihre momentane Befindlichkeit, Ihre Fragen. Verstehen Sie diesen Spiegel als das, was er ist. Die Karten zeigen ein Abbild Ihres Lebens, ohne das Leben selbst zu sein. In dieser Haltung zum Kartenlegen bewahren Sie sich Freiheit und Unabhängigkeit, denn Verliebtheit in den Spiegel ist etwas völlig anderes als eine persönliche Beziehung zu sich selbst, zu anderen oder zu den Karten. Beziehungen finden dann statt, wenn ich mich einlasse. Es geht nur so. Dies liegt systemisch jeder Beziehung zugrunde und erst das Einlassen gebiert eine solche.

Und so will ich zu Beginn einer Sitzung zuerst wissen, wer fragt. Wer geht in Beziehung zu mir, zu den Karten und über die Karten und deren Deutung wiederum zu mir? Und was ist der Antrieb für eine Kartenlegung? Was bringt dieser Mensch mit?

Ohne fertige Antworten zu haben und ohne Rezepte anzubieten, lasse ich mich ein. In diesem Moment werde ich zur »Handreichung« und es ist etwas sehr Köstliches, für einen anderen Menschen Handreichung zu sein.

Damit Ihnen dies ebenso möglich wird, ist eine gewisse Lehrzeit vonnöten. Zeit, in der Sie sich sowohl das äußere Wissen und die Übung im Umgang mit den Lenormandkarten aneignen, wie sich auch Ihrer Fähigkeit, sich einzulassen, bewusst werden, auf die Karten, auf sich selbst, auf Ihre Tiefe und Ihre Intuition. Mit diesem Rüstzeug können Sie Ihre Beziehungsfähigkeit vertiefen und sie schließlich anderen schenken.

Je bewusster uns diese notwendige Fertigkeit, wird uns zu beziehen, desto deutlicher werden uns unsere eigenen »trennungsverursachenden« Rollenbilder und Verhaltensweisen. Ebenso klar sehen wir dann auch die jeweiligen Verhaltensmuster des Gegenübers, und werden mit uns und anderen nachsichtig. Dadurch ermöglichen wir Veränderung. Die Seele möchte die Trennung vom Urgrund überwinden, um dorthin zurückkehren zu können. Hier hilft ihr das Sich-Beziehen, um in diesen »Räumen« reichhaltigste Erfahrungen zu machen.

Madame Lenormand – Eine Meisterin des Kombinierens

Ich glaube, ich hätte sie gemocht, diese Marie Anne! Schon allein deshalb, weil mich Frauen, die den Mut haben, unbeirrt ihren eigenen Weg zu gehen und zu entwickeln, motivieren und beglücken. So ist sie mir Vorbild und rückenstärkende Ahnin zugleich. Ich lerne von ihr und von ihrer Art, öffentlich unkonventionell Frau zu sein und vor allem von ihrer Kunst, Wahrgenommenes so zu kombinieren, dass sie Menschen Wesentliches zu geben hatte. Wesentlich hieß damals, zu wissen, wer Feind, wer Freund war. Und so scheint Madame für die damalige Zeit grandios. Sie hat ihre Gabe zu ihrer Lebensaufgabe gemacht und ist allen Widrigkeiten zum Trotz ihrer Berufung treu geblieben.

Wir schreiben das Jahr 1772. Im französischen Alençon wird Marie Anne Adélaïde Lenormand von anscheinend wohlhabenden Eltern geboren, denn sie erhält Unterricht in einer Klosterschule, was ungewöhnlich für eine Zeit ist, in der Bildung dem männlichen Geschlecht vorbehalten war. Sie interessiert sich besonders für Mathematik und Physik, lernt Sprachen und die Symbolik der Astrologie und reist mit vierzehn Jahren nach London. Dort traut sie sich, öffentlich das auszudrücken, was sie an Bildern vor ihrem inneren Auge sieht.

Ein Jahr später richtet sie sich eine Wohnung in Paris ein, in der sie ihre ersten Kunden und Kundinnen empfängt. Napoleon setzte ihr nach, brachte sie oft genug in den Kerker und verbot ihre Vorhersagen. Gleichzeitig war sie mit seiner Gemahlin, Kaiserin Josephine, aufs Engste befreundet. Jeder, der es sich leisten konnte, konsultierte ihren Rat. Aus allen sozialen Schichten, im Besonderen der des Adels, suchten Menschen sie weit über die Grenzen Frankreichs hinaus auf.

Geschäftstüchtig und unverheiratet, gebildet und mit seherischen Gaben ausgestattet, politisch interessiert und informiert, unerschrocken, die Öffentlichkeit liebend und sie mit ihren entschlossenen Aussagen konfrontierend, schriftstellerisch tätig und überaus belesen: das ist Madame zu einer Zeit, da dies keine Frau schmückte. Sie liebte außerdem Musik, Malerei und Literatur.

Was tat sie während ihrer Sitzungen? Ihre Assoziationsfähigkeit, alles Wahrgenommene miteinander verknüpfen zu können, war – mögen wir der Überlieferung glauben – brillant. Wie viel davon war schlicht eine seherische Gabe oder meisterlich geschicktes Verknüpfen aller Insiderinformationen dank ihrer unzähligen Informanten und Kontakte? Sie las, nachdem sie ihre Kunden und Kundinnen mithilfe von wohl vierzehn verschiedenen Kartendecks und symbolischen Systemen wie Kabbala, Astrologie, Handlesen, Chiromantie, Geomantie und Numerologie befragt hatte, aus all diesen kombinierten Systemen wie aus einem Buch.

Marie Anne Adélaïde Lenormand ließ sich von keinen der vielen Verbote und Gefängnisstrafen einschüchtern. Diese wurden u. a. deshalb über sie verhängt, weil den Mächtigen ihr Treiben und ihre treffsicheren Vorhersagen missfielen. Welche Kraft und Überzeugung muss in ihr gewohnt haben, sich und ihrer Art, Mensch und Frau zu sein, treu zu sein und zu bleiben?

Der Spur dieser Frau zu folgen, den auch uns innewohnenden Bilderreichtum zu entdecken und dabei die eigene Verbindungsfähigkeit zu schulen, ist Madames Angebot an uns. Sie ging uns »königlich« voraus, in ihren Fußspuren können wir Schritt für Schritt weiterschreiten.

Wenn es uns zudem gelingt, das überalterte Freund/Feindbild zu verlassen und wir den Lenormandkarten gestatten, uns für ein konstruktives Weltbild zu öffnen, wird jede Aussage die Persönlichkeit stärken und zu eigenen schöpferischen Schritten initiieren.

Wie Kartenlegen funktioniert – Gehirnforschung und Spiegelneuronen

Obwohl ich nun schon so lange Karten lege, erstaunen und überraschen mich zahlreiche Legungen immer wieder aufs Neue. Es berührt mich bis ins Innerste, wenn sich durch das Kartenbild vor meinen Augen eine Spiegelung der Wirklichkeit auftut, wie sie offenbarer nicht hätte sein können. Eine tief empfundene Wahrheit breitet sich zwischen meinem Gegenüber, den Karten mit ihren Botschaften und mir aus. In diesen Raum der subjektiven Empfindung scheint sich das Universum dazuzugesellen und alle Antworten scheinen im selben Augenblick auf die passende Frage zu warten. Was geschieht da?

Wie ist es möglich, dass 36 allgemein gehaltene Abbildungen symbolischer Lebensinhalte dem Individuum genau das spiegeln, was ihn fragen macht? Wie ist es zudem möglich, dass ich als Außenstehende dies »simultan« übersetzen kann?

Diesem »Wunder« scheint die Gehirnforschung auf die Spur gekommen zu sein. Zumindest entspricht meinem Verständnis von dem, was ich über die Spiegelneuronen lese, dem von mir wahrgenommenen Phänomen.

In dem Buch *Warum ich fühle, was du fühlst* (Heyne 2006) berichtet der Psychoneurologe Joachim Bauer über die Entdeckung von »Asterix« und »Obelix«. So nennen Gehirnforscher zwei Nervenzellen in unterschiedlichen Gehirnarealen, die Namen erinnern an den intelligenten Planer »Asterix« und den handlungsausführenden »Obelix« aus den Comics von René Goscinny und Albert Uderzo.

In einer Versuchsreihe wurde einem Affen eine Erdnuss auf ein Tablett gelegt. Der Affe griff danach. Jedes Mal feuerte zuerst das Handlungsneuron »Asterix« aus der prämotorischen Hirnrinde und danach das Bewegungsneuron »Obelix« aus der benachbarten motorischen Hirnrinde ein bioelektrisches Signal ab, das zuerst die Planung der Handlung und danach die Muskeln zur Ausführung derselben in Gang setzt. Diese wiederholbaren Beobachtungen führten zu der Erkenntnis, dass jede Zelle ihren ganz spezifischen eigenen Plan zu haben scheint, denn wenn der Affe lediglich die Nuss sah oder eine andere Greifbewegung mit der Hand machte, reagierte weder die eine, noch die andere der beiden Zellen. Dass es wirklich der Handlungsplan dieser einen Zelle war, wurde ersichtlich, als der Affe in völliger Dunkelheit nach der Nuss zu greifen hatte, die er kurz zuvor bei Licht gesehen hatte. Die Aktion wurde wieder mit dem Abfeuern des bioelektrischen Signals eingeleitet. Dasselbe wiederholte sich auch, wenn der Affe lediglich beobachtete, dass jemand nach der Nuss griff.

Daraus leiten die Forscher die erstaunliche Entdeckung der neurobiologischen Resonanz ab, welche beschreibt, dass Nervenzellen zum einen im eigenen Körper ein bestimmtes Programm realisieren können, und zum anderen, dass diese ebenso aktiv werden, wenn beobachtet wird, wie ein anderes Wesen dieses Programm in die Tat umsetzt. Die Neuronen spiegeln das wahrgenommene Verhalten und werden deshalb Spiegelneuronen genannt. Geräusche, die dem gespeicherten Programm innewohnen, rufen ebenfalls dieselbe Spiegelung hervor und aktivieren die bioelektrischen Signale der Neuronen. Beim Menschen genügt es sogar, über eine bestimmte Handlung zu sprechen, von einer Handlung zu hören, um die Neuronen in Resonanz zu bringen. Sobald ein Mensch Handlungen anderer beobachtet, aktivieren sich die eigenen Neuronennetzwerke, wie wenn er selbst der Handelnde wäre. Auch wenn ein Mensch sich diese Handlung nur vorstellt, sind bioelektrische Signale messbar. Diese Spiegelung geschieht simultan, unwillkürlich und ohne Nachdenken. Dabei versteht der Beobachtende das Gesehene, wie wenn er selbst gehandelt hätte.

Letztlich ist genau dies unser Alltag: wir treten unentwegt innerlich in Resonanz zu den Bewegungen des Lebens, das uns umgibt. Diese allgegenwärtigen Spiegelungen führen dazu, dass Situationen für uns vorhersehbar werden. Sie lassen uns ahnen, was kommen könnte. Dies nennen wir Intuition.

Die Forscher fanden bei der beschriebenen Versuchsreihe mit dem Affen diese intuitive Vorhersehbarkeit von Konstellationen. Das Tier sah kurz die Nuss, die anschließend von einer Platte verdeckt wurde. Kam nun seitlich jemand und griff nach der Nuss, was der Affe nur an dem sich in Richtung Nuss bewegenden Arm erkannte, wurde auch hier sofort das Handlungsneuron aktiv und setzte bioelektrische Signale ab. Das machte deutlich, dass ein kurzer Eindruck genügte, um das dazu passende Spiegelneuron Nachfolgendes »wissen« zu lassen.

Dies gilt auch für die Ebenen von Fühlen und Empfinden. Denn mit dem, was das Gehirn spiegelt, schwingt die Psyche gleichfalls mit und lässt die Spiegelneuronen spontan die Gesamtheit des Möglichen in uns aufscheinen. Da dem Netzwerk einer sozialen Gemeinschaft systemisch zahlreiche gleichartige Erfahrungsschätze zugrunde liegen, verbinden uns Menschen insofern unermessliche und übereinstimmende Handlungs- und Bedeutungsräume, so dass Übereinstimmung, Intuition und Ahnung Ausdruck der Resonanzfähigkeit und des Erfahrungsreichtums der jeweils Beteiligten sind. Die zusätzlich notwendige Fähigkeit, Wahrnehmungen zu beleuchten und zu analysieren, schließt das kritische Erleben und die Analyse eines möglichen Nutzens auf der Verstandesebene in gleichen Maßen ein. Spiegelneuronen liefern hier schnelle Ergebnisse, sie sind zu jeder Zeit »online«, wie es Joachim Bauer in seinem Buch ausdrückt. Die Resonanzfähigkeit unserer Zellen lebt von der Lebenseinstellung der Bejahung und der Befriedung. Unter Angst und Druck, unter Stress und Anspannung reduziert sich die Signalrate der Spiegelneuronen massiv.

Was also geschieht bei einer Kartenlegung? Handelt es sich letztlich um ein »Feuerwerk« bioelektrischer Signale, angeschlossen an das gesellschaftliche Erfahrungsgesamtnetz, gespiegelt in 36 Kartenbildern? Sind Ratsuchende und Kartenlegende in einem solchen Maß in Resonanz, dass Fragen schöpferische und realisierbare Antworten finden, dass individuelle Wahrheiten aus dem allgemein menschlichen Pool herausfilterbar sind? Wenn ich doch gleichzeitig davon überzeugt bin, dass für jeden Menschen Wahrheit nur eine ureigene sein kann?

Eine Antwort bleibe ich Ihnen hier schuldig, doch diese Fragen regen zum Nachdenken an und motivieren gleichzeitig, eine Lösung im Tun, im Kartenlegen selbst zu finden.

Wie ich Karten lege

Menschen, die zu mir kommen, um sich die Karten legen zu lassen, sind bisweilen über meine Art erstaunt, nach dem Thema, das hinter einer Frage steht, zu schauen. Sie scheinen es gewohnt zu sein, ganz ohne eigene Frage von einem DU zu erfahren, was gerade ist.

Klar, das geht! Das funktioniert. Ich persönlich liebe präzise Fragen. Die Karten können genau das spiegeln, was sie sehen und Sie können in diesem Spiegel lesen, indem Sie die Karten betrachten und interpretieren, was sie sehen. Sowohl eine allgemeine Rundumschau wie auch klar eingefasste Bereiche. Die Erfahrung hat gezeigt, dass die Menschen deutlich konzentrierter sind, wenn sie sich auf eine konkrete Frage einlassen. Denn der schon genannte vitale Impuls, den die Karten geben, trifft dann auf einen zielgerichteten Blick, stößt sinnbildlich eine Kugel an, die schon in der »Rinne« der Fragenden liegt und setzt Energien frei, die im Ursprung der Frage wurzeln. Was haben Menschen davon, wenn sie von mir erfahren, was gerade ist? Das wissen sie selbst. Und dass ich Karten deuten kann, braucht keine Beweise. Fragen schaffen Verbindung, bauen Brücken und eröffnen Räume.

Beim Kartenlesen trete ich mit meinem Gegenüber in Beziehung und lasse mich auf ihn ein. Und alle Fragenden kommen, um sich über die Karten auf sich selbst zu beziehen, auf ihr Leben und auf diejenigen Anteile, die noch verborgen scheinen oder augenblicklich nicht klar zu sehen sind. Die Fragestellenden lassen sich im Angesicht der Karten auf sich und ihr Leben ein, auf die Spiegelwirkung der Karten und auf mich, die ich die Aussagen der Karten übersetze. Und das erlebe ich jedes Mal neu als Geschenk und erstaunliche Begegnung! Die Karten erzählen den Menschen nichts Neues. Sie reden von Gewordenem, Bekanntem, in neuer Form.

Madame Lenormand las, laut den Überlieferungen, aus den Karten wie in einem Buch. Als ihre »Schülerin« bin ich weit davon entfernt, ihre meisterhafte Sicht zu imitieren. Ich nahm im Laufe der Zeit meiner Beschäftigung mit den Karten und ihrer Geschichte viele unterschiedliche Informationen in mir auf und »verdaute« sie. So, wie ich diese Karten heute nutze, sind sie sozusagen verarbeitet von meinem »geistig-seelischen Stoffwechsel« und zeigen die Färbung meiner Lebensgeschichte und meiner Persönlichkeit.

Im Gegensatz zu Madames Zeiten geht es heute um ganz andere Dinge, als zwischen Freund und Feind unterscheiden zu können und aus diesem Grund den Rat der Karten zu erfragen. Sieg und Niederlage beinhalten die Fragen, die ich zu hören bekomme, nicht mehr. Die Menschen fragen vorwiegend nach Beruf, Finanzen, Partnerschaft und Gesundheit. Doch immer mehr nutzen den Spiegel der Karten auch für ihre persönliche Entwicklung, um sich selbst zu erforschen und ihr Leben und das anderer besser zu verstehen.

Ich übernehme während einer Kartenlegung die Verantwortung für die Worte, die ich wähle, und für die Art und Weise, wie ich den Menschen begegne. Ich schaue hin, ich höre zu und biete eine lebensbejahende Begegnung an. Das, was ich zu sagen habe, speist sich aus meiner Haltung dem gelingenden Leben gegenüber, das in konstruktiver Weise für jeden Menschen vitale Energien bereithält. Ich will mit meinem Gegenüber dasjenige herausfinden, was in in ihm angelegt ist, als Gabe, als Begabung oder ich möchte zumindest so weit kommen, dass sowohl die Frage wie auch die zu findende Antwort mit seinem Wesen übereinstimmt. Jede Gabe ist lebendig, kreativ und schöpferisch. Jede Begabung drängt uns dazu, umgesetzt und genutzt zu werden. Somit ist die Aufgabe, die das Leben uns stellt, auf die innere Antwort zu horchen und diese mit Vitalität und Herzenswärme zu (be)leben.

Aus diesem Blickwinkel betrachtet dürfen, ja sollen alle gemachten »Prophezeiungen« selbsterfüllend sein.

Sie haben es bereits bemerkt: Ich handhabe diese Karten der Marie Anne mit Leib und Seele. Im Deuten gebe ich den Bildern Bedeutung und die Art und Weise, wie ich dies tue, enthüllt neben der reinen Funktion der Interpretation meine Sicht auf die Welt, aufs Leben, aufs Du. Welchem Aspekt gebe ich Gewicht? Auf was lenke ich meinen Blick? Schenken wir uns gegenseitig diesen persönlichen Blick auf die Welt! Denn im Fühlen sind wir einsam, doch im uns Auf-etwas-und Auf-jemanden-Beziehen findet Begegnung statt.

All unser Erleben ist vom spirituellen Gesichtspunkt aus betrachtet eine Inszenierung unserer evolutionären Vorhaben, eine Sammlung von Erfahrungen, die sich unsere Seele vorgenommen hat. Wie häufig sich Drama, Krimi, Reportage und Komödie abwechseln, liegt daran, wie bewusst uns unsere Trennung vom Urgrund ist und wie entschieden wir die zur Überwindung notwendigen Erfahrungen machen und bejahen. In gleichem Maße integrieren wir Licht und Schatten unserer Persönlichkeit, ohne äußere Feinde für unsere Schattenanteile zu erschaffen. Denn jede Seite der Medaille bin ich. In diesem Sinne verstehe ich die Lenormandkarten: sie schildern eine Situation, wie sie ist im Sowohl-als-auch. So verstanden führt mich die Karte des Fuchses über das Schlüsselwort der Lüge zu der Frage nach meiner eigenen Wahrheit. Mit meinem Tun gebe ich das für mich Wahre weiter.

Kartenlegen hat Zukunft – und die gestaltet jeder Mensch selbst

Ich bin immer wieder erstaunt, wenn ich in meiner Tätigkeit als Kartenlegerin gefragt werde, ob ich an die Karten glauben würde. Diese Frage stellt sich mir gar nicht. Ich kann dann nur zurückfragen: »Was bedeutet für Sie Glauben?«

Manche Fragestellende nehmen jedes einzelne meiner Worte so in sich auf, dass sie anschließend ganz genau danach zu leben trachten, wie ich es gesagt habe – genauer: Wie meine Worte von ihnen gehört wurden.

Eine Kategorie von Kunden und Kundinnen bringt ihre »bildgebende Erfahrung« mit Kartenlegern aus dem Fernsehen mit und wundert sich, dass ich nicht per Knopfdruck beginne, Sie zu unterhalten. Ihrer Meinung nach sollte ich wohl munter drauflos reden, sobald sie sozusagen auf Empfang sind und überraschenderweise auch noch Wesentliches zu ihrer Person aussagen. Viele von ihnen kommen in Konsumhaltung und sitzen mir gegenüber in der Art: »Du bist dran. Zeig mal, was du kannst. Ich bezahle schließlich dafür.« Sie wollen eine Information von mir bekommen und sich selbst außen vor lassen. Wieder andere Menschen wissen einfach schon ganz genau, was sie von mir hören wollen, und meine erste Tat ist es dann, eine gemeinsame Sprache zu finden. Und dann gibt es auch noch Menschen, die mich für die Zeit der Begegnung zur Meisterin erheben, weil ich im Moment unseres Zusammentreffens genau dasjenige Gegenüber bin, das ihnen die Hand reicht, Keime lockt, Lösendes weckt.

Doch jenes schlummert längst in ihnen selbst und auf diesen Moment des Angefragtwerdens hat es gewartet. Mehr nicht. Denn der Schlüssel zu unserem Lebenssinn und unserer Bestimmung liegt in uns selbst verborgen und es braucht nur einen Weckruf, von woher auch immer. Stellen Sie sich einen solchen Schlüssel einmal bildlich vor, der einzig dem in Ihnen verborgenen Schloss entspricht, wohinter sich Ihr inneres Lebensziel und die Absicht Ihrer Seele verbergen, und Sie finden über die Karten einen Weg, mit diesem Schlüssel Ihr Innerstes zu öffnen und zu erkennen.

Zum konstruktiven Umgang mit den Karten, damit sie diesen Schlüssel ergreifen können, gehört es, dass jeder Fragende seine Verantwortung trägt und lediglich um eine simultane Übersetzung dessen bittet, was ihn gerade bewegt und einer Antwort oder einer Anregung zur Antwort bedarf. So erhält der Mensch einen umfassenden Einblick in das zugrunde liegende Motiv äußerer Geschehnisse. All denen, die auf diese Weise an die Karten herantreten, erklärt sich das Kartenbild in Teilen von ganz allein, weil sie sich der Spur, auf der sie sich bewegen, bewusst sind. Hier wandelt sich die passive Konsumentenhaltung in eine aktive um. Gestaltungswille und die Kraft zur Umsetzung werden sichtbar.

Wir alle scheinen eine Sehnsucht in uns zu tragen nach einem von außen kommenden überpersönlichen Wissen, das über unserer Individualität steht und die energetische Wirkung von Lösung, Erlösung in sich trägt. Für diesen hoffnungsvoll erwarteten, meist wenig bewussten Moment der »Freisprechung« bewahren wir einen offenen und sorgsam gehüteten Raum in uns: Ja, wir hegen und pflegen womöglich über Jahre hinweg solche Botschaften gar als »Wahrheiten« und Aussagen von Menschen, denen wir für Momente die Macht gaben, über uns zu bestimmen, weil wir ihr Wissen für gültig gehalten haben. Über lange Zeit können solche »Glaubenssätze« unbewusst unsere Handlungen und unsere Ausrichtung prägen, ohne dass wir sie überprüft oder gar infrage gestellt haben. Wir erhalten uns gern solche Worte, die von außen an uns herankommen. Aber wieso tun wir das? Wozu dient es uns, sozusagen etwas »festzuschreiben«, obwohl wir wissen, dass Wechsel und Veränderung das einzig Beständige im Leben sind? Ist dieser innere Freihalteraum wie eine Satellitenschüssel weit und offen ausgerichtet auf dasjenige, was wir, wenn es zu unserem abgespeicherten Lebensprogramm passt, dazunehmen wollen, als Bestätigung aus höherer Erkenntnis? Speichern wir nur Passendes ab? Lassen wir andere Botschaften in diesem »Berechtigungsraum« gar nicht wurzeln?

Sie sehen, Überlegungen zur Eigen- und Fremdwahrnehmung fordern zu philosophischen Fragen heraus. Auf dem Boden der Tatsachen formulieren dann die einen Vorhersagen, welche die Gegenseite als Prophezeiung abspeichert. Anstatt Freiheit wird so Bindung erzeugt.

Wir können die Vergangenheit nicht ändern, doch was wir aus dem Gewordenen und der bisherigen Gestaltung unseres Seins machen, entscheiden wir jeden Moment neu. Wir können Bekanntes wiederholen, weil wir es noch einige Male »kosten« möchten. Wir holen es wieder, um Erlebtes zu sortieren,

Erfahrungen zu sammeln, zu begreifen und um auszuwählen, was davon weiterhin zu uns gehören soll und wovon wir uns verabschieden. Es gibt Menschen, die sammeln ihre Erfahrungen in vielfältigen Formen, andere hingegen üben sich am immer Gleichen oder Ähnlichen. Das eine ist wie das andere: Was sich unsere Seele vorgenommen hat, zu erfahren, sucht sie sich. Wenn ich als Mensch ein eher ausdauerndes Leben lebe, was auch ein Festhalten implizieren kann, ist das eine Möglichkeit. Womöglich habe ich eine immer wieder neue Fakten schaffende Lebenstendenz. Andere legen gar eine Lebenslinie zugrunde, die sich leicht an Gegebenes anpasst und mitschwimmt, weil die Seele gerade darin ihre Spiegelungen probt. Jede dieser Möglichkeiten ist auf der göttlichen Ebene gleich gültig.

Sie sehen, es geht um die uns allen aufgetragene Übung der Verantwortung – und hier ist der Begriff Antwort bereits enthalten – uns und unserer Bestimmung gegenüber. Gerade bei der Suche nach dem für uns Gültigen ist das Kartenlegen eine gute Hilfe. Prüfen Sie Gehörtes, überprüfen Sie dasjenige, das an Sie herantritt im Spiegel Ihres eigenen Seins. Hat es dort Bestand? Dann nehmen Sie es zu sich. Ansonsten fragen Sie weiter.

Im Tarot gibt es die Karte »Das Rad des Schicksals«. Von einem Menschen hörte ich vor vielen Jahren eine Interpretation, die prägend für mich wurde: »Sei du die Nabe und drehe dein Rad!« Geben Sie Ihrem Leben die Bewegungen des Heute, damit es rund läuft. Es ist Ihr Rad, das sich da dreht, in Ihrem Schwung und in Ihrem Tempo!

Und in dieser Weise verstehe ich meine Interpretationen der Lenormandkarten. Sie dienen im besten Falle dazu, Ihr Lebensrad, Ihre Lebenskraft und Ihre eigenen Lebensbewegungen in Schwung zu bringen, zu wecken, zu beleben, zu erinnern.

Mir ist die Kostbarkeit dieser Aufgabe bewusst.

Die Kunst des Kartenlegens

Eine Karte ziehen …

… passt sehr oft und zu fast allen Gelegenheiten. Gleichzeitig ist dies eine leichte »Nebenbei-Übung«, um die Karten und deren Bedeutungen nach und nach besser kennenzulernen.

Und so lade ich Sie bereits an dieser Stelle des Buches ein, sich die Karten zu mischen und spontan, frei von der Komplexität der Gesamtschau, eine der Karten verdeckt zu ziehen und die Darstellung für diesen Moment bzw. für den heutigen Tag auf sich wirken zu lassen. Wir nehmen Wissen leicht über unsere visuelle Wahrnehmung auf und probieren Neues gern aus, ohne lang vorgeschaltetes Studium der »Betriebsanleitung«.

Sicherlich führt Sie Ihre erste Aufgabe gleich einige Seiten weiter, um die Bedeutung Ihrer ersten Karte zu studieren. Doch zu diesem Zeitpunkt ist eine überlieferte oder von mir gemachte Aussage noch wenig wichtig. Das Vorrangige ist, dass Sie das Bild auf sich wirken lassen. Was löst es in Ihnen aus? Welche Bilder steigen aus Ihrer Seele auf? Diese sind der intuitiv grundlegende Schatz beim Kartenlegen. Und wenn Sie mögen, üben Sie dies täglich!

Zum Beispiel morgens als Tageskarte gezogen, dient das Bild in fast meditativer Weise dazu, die kommenden Stunden aus der in der Abbildung angebotenen Perspektive zu betrachten. Ich empfehle Ihnen, am Abend eine kleine Rückschau zu halten mit der Frage: »Konnte sich das Bild der Lenormandkarte in meinem heutigen Erleben spiegeln? Wie? Wo?« Solche Fragen mit den entsprechenden Antworten sind eine besonders erkenntnisversprechende Art, Tagebuch zu führen.

Lisa war wenig erfreut, als sie für das vor ihr liegende Gespräch an diesem Morgen die Karte *Die Mäuse* vor sich sah. Worte wie schwierig und nagend fielen ihr dazu ein. Als sie dann am Abend ihre morgendliche Karte im Rückblick betrachtete, war sie um eine deutliche Erfahrung reicher. Das Gespräch war sehr ernsthaft gewesen und sofort zum problematischen Wesenskern vorgedrungen. Alle Beteiligten erkannten, was im Argen lag, einigten sich auf Vorgehensweisen zu dessen Überwindung und stellten anschließend fest, dass es eine Anstrengung wert ist, »Licht ins Dunkel zu bringen«.

Sobald Sie in dieser Weise mehreren Lenormandkarten begegnet sind, nehmen Sie sich bei der Weiterführung der Tageskartenziehung vor, jede gezogene Karte anhand der Beschreibung und den Zuordnungen ab Seite 45 zu »studieren« und die Bedeutungen in Ihre eigene Wahrnehmung mit einzubauen. Fügen Sie diese Notizen zu den vorigen und Sie werden die Erweiterung der Möglichkeiten erkennen.

Da Sie dies täglich tun, sind Sie nach zwei Wochen schon vielen der Karten begegnet und haben begonnen, eine emotionale Beziehung zu der einen oder anderen aufzubauen. Nun ist es an der Zeit, die jeweiligen Aufgaben, die ab Seite 45 zu jeder einzelnen Karte zu lösen sind, als weiteren Zuwachs an Wissen zu Ihrer Tageskartenziehung hinzuzunehmen.

Wenn Sie sich die Zeit nehmen, auf diese Weise vorzugehen, wird Ihrer »inneren« KartenlegerIn anschließend ein sehr bedeutungsvoller Schatz zugrunde liegen. Kartendeuten fragt innere Bilder ab, die sich deutlich von gelerntem Wissen unterscheiden. Bilder verbinden sich mit Ihren Gefühlen, prägen sich auf der emotionalen Ebene ein und sind dort jederzeit abrufbar.

Sobald Sie sich nach diesem anfänglichen Üben und den damit gemachten Erfahrungen schon sicherer fühlen, stellen Sie sich jedes Mal, bevor Sie eine Karte ziehen, eine Frage. Zum Beispiel solche: »Wie gelingt mir dieser Tag?«, »Was habe ich heute besonders zu beachten?«, »Welche Komponente ist bei dem anstehenden Gespräch wirklich wichtig?« Und wieder wird Ihnen der abendliche Rückblick auf Ihr Erleben in Verbindung zur Kartenaussage neue Deutungshorizonte erschließen und Sie dank Ihres persönlichen Beziehens auf die Werte der Lenormandkarten die Möglichkeiten und Grenzen erkennen lassen.

Uta zog die Karte *Der Ring* mit der Frage: »Was erwartet mich am kommenden Wochenende?« Ein Treffen mit der Familie stand bevor. Ein solches fand selten und unregelmäßig statt und Uta hatte Sorge, wie sich die Begegnungen vor allen Dingen mit den männlichen Mitgliedern des Clans gestalten würden. Ihre Vorerfahrungen waren eher nicht so gut. Die Karte des *Rings* zeigt als Erstes deutlich die familiäre Zusammengehörigkeit. Sie ist als kostbarer Schatz zu achten und anzuerkennen, wie diese Karte besagt. Wenn es ihr gelingt, sich in erster Linie mit ihrem eigenen Sein als Frau zu verbinden, sich als einzigartiges Geschenk des Lebens zu begreifen, kann sie sich diese innere Verbindung zu ihrem Urgrund als nährendes Element während des Treffens im Bewusstsein wachhalten. Sie hat auf jeden Fall, egal wie das Treffen ausfallen wird, das vergangenheitslastige Misstrauen gegen zukunftsweisendes Vertrauen auszutauschen – Vertrauen in ihre eigene gelingende Zukunft, unabhängig vom Clan.

Und wie ging es Uta? Sie vertraute ihrer eigenen Zukunft und fuhr nach zwanzig Stunden in Achtung ihrer selbst und den gelebten Möglichkeiten ihrer Familie wieder ab.

Tageskartenlegungen bringen Sie bei täglicher Übung im Laufe eines Monats in Kontakt mit vielen verschiedenen Karten und womöglich auch wiederholten Ziehungen einer bestimmten Karte. Dieses Thema scheint dann momentan Priorität zu haben und einen wesentlichen Aspekt Ihrer Persönlichkeit oder Ihrer Entwicklung anzuzeigen. Stellen Sie einen Bezug her zwischen Ihrer Frage, dem Bild und Ihrem eigenen Erleben. Wenn es Ihnen gelingt, nach und nach alle Themen zu den einzelnen Karten aufgrund persönlicher Erfahrung zu beleben, wird die Verbindung von Basiswissen und eigener Resonanz ein wunderbares Fundament für alle weiteren Schritte innerhalb der Kartenlegekunst.

Was will ich von den Karten wissen? – Die Kunst, zu fragen

In der Praxis des Kartenlegens zeigt sich dieser Bereich als der große Türöffner für alles Weitere. Jeder Frage, präzise gestellt, bieten die Karten eine ebenso prägnant gespiegelte Antwort. Hier könnte ich dieses Kapitel eigentlich schon beenden. Es ist alles gesagt.

Zu mir kommen manchmal Menschen, die sagen, sie wollten einfach mal wissen, was gerade so los ist. Nun, die Karten antworten, die Menschen sind interessiert oder auch überrascht und gehen wieder. Wussten sie nicht, was gerade los ist? Ich kann mir für mich selbst nicht vorstellen, dass ich mir ohne einen Impuls äußerer Lebensumstände oder innerer Befindlichkeit Karten legen lasse.

Einige dieser Wissbegierigen werden, wenn die ersten Kartenaussagen im Raum stehen, genauer und formulieren noch eine persönliche Frage, die sie zu Anfang so klar nicht gehabt zu haben scheinen. Andere lassen sich berühren und sind von diesem Moment an mitten drin und ganz bei sich. Sie lassen sich von ihrem Spiegel anschauen.

Wieder andere kommen mit vielen Fragen und wollen diese möglichst in kurzer Zeit alle beantwortet haben.

Die nächste Kategorie von Fragenden sind diejenigen, die etwas Spezielles wissen wollen, und bei denen es sich gleich bei der ersten Formulierung schon herausstellt, dass es um einen ganz anderen Themenbereich geht als den, den sie anfangs angesprochen hatten. Meist geht es ihnen um etwas, was hinter ihrer vordergründigen ersten Frage liegt.

Diejenigen, die diese genannten Prozesse alle überspringen, kommen, wie eingangs erwähnt, mit einer präzisen Frage und tauchen sofort in die Antwort ein.

Insofern ist es wichtig, unabhängig davon, ob Sie für sich oder für andere die Karten befragen, dass Sie sich dessen, was Sie wissen wollen, bewusst sind. Nehmen Sie sich Zeit für das Fragenfinden. Um was geht es Ihnen? Was bewegt Sie? Lässt sich die Frage so formulieren, dass die Karten eine Geschichte erzählen können? Denn »Ja« und »Nein« fehlt ihnen.

Natürlich können Sie zum Üben alle Fragen, die Ihnen das Leben stellt, Ihren Karten vorlegen. Das ist wunderbar. Denn genau dabei reihen sich die ersten Schritte und Erfahrungen für die Kartenlegenden aneinander und schaffen die Grundlage, auf die Sie täglich mehr bauen können.

Ich werde immer wieder gefragt, wie oft die Karten zu befragen sind. Eine Freundin fragte ihre Karten mit immer derselben Frage täglich und war erstaunt, dass sich kein einziges Mal das gleiche Kartenbild zeigte.

Wie ernst nehmen Sie die Antwort? Fragen Sie die Karten wie ein Kind, das sich Zermürbung der Mutter erhofft, wenn es nur lange genug bettelt?

Nehmen Sie die Antwort der Karten mit in den Tag, in die Woche, in das Leben. Meditieren Sie darüber, erzählen Sie anderen davon, malen Sie ein eigenes Bild dazu, probieren Sie den Rat der Karten aus, kosten sie ihn. Lassen Sie das Kartenbild, das Sie gelegt haben, wenn möglich, einige Zeit um Sie sein. Unter Umständen spricht es am folgenden Tag noch etwas zusätzlich in Ihnen an, ergänzend. Oder es lockt Sie, eine sich daraus ergebende neue Frage zu formulieren und mit einer oder mehreren Karten die bereits vorhandene Legung zu erweitern. Sie werden sehen, plötzlich ist dieses Thema rund, zumindest in dieser Sequenz. Wenn sich dann erneut Fragen auftun, behandeln Sie die Karten wie allerbeste Freunde und Freundinnen, die ja auch bereit sind, sich Ihre Geschichte ein zweites oder drittes Mal anzuhören.

Es ist eine Kunst, vordergründige Fragen zu erkennen und sich von ihnen führen zu lassen, um den dahinter liegenden Raum zu betreten. Dies gleicht einer Theaterbühne, auf der ein Stück inszeniert wird, was ohne Bühnenbild, ohne Drehbuch, ohne Autor und Regisseur nicht möglich ist.

Kunst ersteht im Menschen selbst, lediglich das dafür erforderliche Handwerk ist erlernbar. Insofern kann ich Ihnen Hilfsmittel zur Hand geben, um sich im Fragenfinden zu üben.

Engagiertes Zuhören ist sicherlich das grundlegendste Werkzeug, um zu hören. So erkennen Sie am ehesten, was sich unbewusst mitteilt. Sind Sie darin geübt, sich selbst zuzuhören? Wenn Sie anderen die Karten legen, tun Sie dies nur, wenn Sie gefragt werden und wenn Sie mit Achtung und Aufmerksamkeit der Person, der Frage und den Antwort gebenden Karten genügend Raum und Zeit geben können.

Selbst wenn sich die Frage trotz Ihrer Aufmerksamkeit nicht genauer finden lässt, beginnen Sie mit der Legung. Vertrauen Sie darauf, dass die Aussagen der Karten und deren Kombinationen weiterführende Fragen in Ihnen anstoßen werden. Wir sind es im Alltag selten gewöhnt, prägnant zu fragen. Deswegen braucht es etwas Übung.

Um Ihnen einige Formulierungen an die Hand zu geben, hier einige Fragebeispiele, aus denen Sie sich einzelne Begriffe herauspflücken und nach eigenem »Gusto« zusammenfügen können. Die Fragen implizieren Wachstum und Bewusstheit im und für das eigene Sein.

»Welcher Blickwinkel ist bezüglich einer neuen beruflichen Perspektive wichtig?«

»Welches Entwicklungsthema lebe, belebe und erlebe ich in meiner Partnerschaft?«

»Welches Talent ist bei dieser Aufgabe gefragt?«

»Auf was sollte ich in dieser Angelegenheit mein Augenmerk verstärkt lenken?«

»Was liegt in meiner Kindheit verborgen, was mich heute noch stolpern lässt?«

»Was habe ich mir für dieses Leben vorgenommen?«

»Womit kann ich die Atmosphäre im anstehenden Gespräch fruchtbar beeinflussen?«

»Welche Schritte kann ich tun, um von ... unabhängig zu werden/sein?«

»Wozu erlebe/belebe ich eine bestimmte Situation immer wieder?«

Die Bespiele und Aufgaben der weiteren Kapitel enthalten noch andere Fragen und können Ihnen als Anregung dienen.

Geschichtenerzählen – Die Kunst, zu antworten

Die Menschen aller Zeiten lassen und ließen sich von Geschichten und Erzählungen anregen und in ihren Bann ziehen. Ob wir diese heutzutage über elektronische Medien hören oder visuell in Filmen dargeboten bekommen, Geschichten faszinieren und berühren. Sobald die Verbindung von Wort und Bild in unsere Wahrnehmung tritt, prägen wir uns die gegebenen Bilder zu den gehörten Begriffen ein und binden beides auf der emotionalen Ebene aneinander. Erhalten wir Erzählungen ohne Bilder, kann unser inneres Vorstellungsvermögen eigene Bilder schaffen. Noch individueller werden Geschichten, die uns mündlich von einem Menschen erzählt werden, wenn Nähe, persönliche Ausstrahlung und der gemeinsame Raum, in dem die Erzählung erlebt wird, sich mit der Stimmung des Gehörten und unserem inneren Erleben verbinden. Dies gehört sicherlich zum menschheitsverbindend Kostbarsten, eine lebendige Geschichte live und real von einer Persönlichkeit erzählt zu bekommen, die sich an der Beziehung zu uns und ihrer Erzählung freut und sich dafür Raum und Zeit nimmt.

Eine dieser Situation vergleichbare Öffnung entsteht während einer Kartenlegung, wenn der Spiegel der Karten dasjenige in Bilder fasst, was den Fragestellenden bewegt und der Kartenleger oder die Kartenlegerin diesem Spiegel Worte gibt. Die Abbildungen schmiegen sich aneinander und werden zur Geschichte, vergleichbar einem Märchen, das sich auch aus einer Unzahl von Seelenbildern entwickelt, die Worte gefunden haben, die sich im Herzen der Zuhörenden ausmalen lassen und nachklingen. Gleichzeitig wendet sich die volle Aufmerksamkeit zweier Personen auf ein bildgewordenes Zentrum, was Nähe erzeugt und einen persönlichen Raum schafft.

Ein solcher persönlicher Raum bildet ein gutes Fundament für eigene und fremde Fragen, die mithilfe der Lenormandkarten beantwortet werden sollen. Offenheit, Achtung und Aufmerksamkeit schaffen Begegnung und laden damit die Antwort regelrecht ein, die sozusagen nur darauf wartet, angefragt zu werden.

Probieren Sie das Geschichtenerzählen einmal ohne Frage aus. Besonders einfach gelingt dies, wenn Sie Ihre Karten gemeinsam mit Kindern auslegen. Nehmen Sie zu Beginn nur drei oder vier Karten und Sie werden sehen, wie im Kreis von Kindern das Geschichtenerzählen leicht und fließend wird. Zudem ist ein solcher Einstieg ohne Wissen um Bedeutungen ein idealer Schlüssel zu dem seit Anbeginn der Zeit in uns allen vorhandenen inneren Bilderreichtum. Hier wird er sichtbar. Sie werden staunen, wie viel Freude eine solche Erzählrunde bringt. Machen Sie es spannend und decken Sie von all den zu Beginn gezogenen Karten immer nur die als nächstes zu erzählende auf. Fortsetzungen sind sicherlich unerlässlich!

Die Erzählfreude aller Beteiligten erwacht. Sie ist eine wesentliche Voraussetzung für künftige Deutungen. Hierzu gleich eine Übung, die Sie auch ohne erzählhungrige Kinder ausführen können.

Aufgabe 1

Was geschieht hier? Erzählen Sie ganz frei eine kleine Geschichte.

a)

»*Der Fuchs* hat sich zu entscheiden, ob er die mühsame Fleischbeschaffung von *Fischen* aufgibt und stattdessen Vegetarier wird. Beides scheint ihn wenig zu begeistern!«

b)

c)

d)

e)

f)

Aufgabe 2

Möchten Sie wissen, wie sich die Geschichte à la Lenormand anhört?

Dann beziehen Sie, sobald Sie weiter in die Materie vorgedrungen sind, beim zweiten Durchgang durch die Geschichtenerzählübung die Bedeutungen der Karten mit ein und verbinden Sie sie mit einer eigenen Aussage.

Beispiel zu Aufgabe a)

»Das vordergründig freundliche (*Blumen*) Interesse (*Fuchs*) Ihres Besuches (*Blumen*) versickert (*Fische*).« oder: »Handelt es sich um Blüten (Falschgeld)?«

Entsprechungen zu dieser Aufgabe finden Sie in den Lösungen auf Seite 183.

Die Kunst, zu antworten braucht Empathie, Zeit und Raum sowie die Fähigkeit, aus einer Mischung von Distanz und Nähe einem Gegenüber zu begegnen, das sich womöglich sehr deutlich von einem selbst unterscheidet. Eine Antwort stellt sich dann ein, wenn ich um die wirkliche Frage weiß (siehe voriges Kapitel) und sich zwischen dem fragenden und dem antwortenden Menschen ein Raum öffnet, in dem die Intuition fließen kann. Seien Sie sich sicher: die Antwort wird sich Ihnen zeigen. Dies gilt in gleicher Weise auch für die Antworten, die Sie für sich selbst anfragen. Oft fällt es uns leichter, anderen Auskunft zu geben, als genügend Distanz zu unseren eigenen inneren und äußeren Verhaltensmustern und Erlebnissen zu haben. Dann suchen Sie sich jemanden Vertrauten und lassen Sie sich eine Geschichte erzählen!

Die Kunst des Kombinierens

In dieser Kunst war Marie Anne Adélaïde Lenormand eine Meisterin. Um zumindest annähernd in ihre Fußstapfen zu treten, braucht es Begeisterung für das eigene menschliche Sein, Freude an Symbolik und eine gute Portion Forscherdrang, um Offensichtliches mit dem Dahinterliegenden zu verknüpfen.

Und schon sind wir wieder bei meinem Lieblingsthema Beziehung. Der Begriff Kombination bezeichnet im Allgemeinen eine Vereinigung, eine Zusammenstellung, eine Bindung, eine Verbindung, und daraus folgend eine Komposition. Wenn wir die persönlichen Beziehungen zu Menschen, zu Dingen und zur Welt und somit auch zum Kartenlegen als unsere ganz persönliche Komposition verstehen, gestalten und leben, wirkt sich diese belebende und schöpferische Kraft auf uns und unser Umfeld aus. Diese Quelle sprudelt zu jeder Zeit, unabhängig davon, ob wir uns gerade an ihr erquicken oder pausieren.

In diesem Sinne liegen zahlreiche Aufgaben vor Ihnen, die Ihnen die Möglichkeit bieten, Verschiedenartiges miteinander in Beziehung zu setzen, Unterschiede zu erkennen, Gemeinsamkeiten zu entdecken und Widersprüche zu vereinen. Komponieren Sie Ihre ganz eigenen Deutungen und lassen Sie sich von den beispielhaften Lösungen im Kapitel *Lösungen zu den Aufgaben aus allen Kapiteln* ab Seite 183 anregen. Die Aufgaben sind so aufgebaut, dass sie zu Beginn auf die Eigenschaften der Karten eingehen und anschließend die Symbolik der Einzelkarte anfragen. Danach setzen Sie die verschiedenen Aspekte zueinander in Beziehung und bilden Kompositionen.

Aufgabe 1

Alle Karten haben außer der Symbolik ihrer bildlichen Darstellungen auch charakteristische Eigenschaften. Diese sind wichtige Ergänzungen, um zu einer treffenden Aussage zu kommen. Denn erst wenn ich weiß, ob das Gespräch beispielsweise konstruktiv verlaufen wird (*Ruten*, *Sonne*) oder ob es nichtssagend zu Ende geht (*Ruten*, *Brief*), kann ich die Aussage der Karten nutzen. Finden Sie die passende Karte zu den jeweiligen Eigenschaften. Hierzu können Sie bei den Beschreibungen der Einzelkarten nachlesen.

Eigenschaft:	Welche Karte passt dazu?
stark	Bär
fest	
begeistert	
herausfordernd	
freundlich	
neugierig	
nervös	
langweilig	
intelligent	
teamfähig	
harmonisch	
spirituell	
verschlossen	
flach	
undurchschaubar	
bejahend	
bestimmend	

Aufgabe 2

Was symbolisiert die jeweilige Karte? Ordnen Sie den folgenden Karten eine oder mehrere Bedeutungen zu.

a)

b)

c)

d)

e)

Bote

Überbringer

f)

g)

h)

i)

j)

k)

l)

m)

n)

o)

Erste Kompositionen
Kombinieren heißt, mindestens zwei Faktoren miteinander in Beziehung zu setzen. Begegnung mündet in den Dialog und es entsteht ein Drittes, etwas Neues, das größer ist als zwei.

Aufgabe 3
Lassen Sie die jeweiligen Karten miteinander ins Gespräch kommen und sich von dem, was sie zu sagen haben, anregen. Die erste Karte versinnbildlicht die Eigenschaft, die zweite das Symbol, für was sie steht. Es geht also um die Verbindung von Adjektiv und Substantiv.

<u>Eigenschaft:</u> förderlich

<u>Symbol für:</u> Zuhause

Der Bär

Das Haus

Ein förderliches Zuhause
Ein herrschaftliches Haus
Starke Heimatverbundenheit

a)

Der Klee

Das Schiff

b)

Der Schlüssel

Der Ring

c)

Die Wolken

Die Störche

d)

Der Berg

Das Buch

e)

Der Brief

Der Park

f)

Der Mond

Der Schlüssel

g)

Die Ruten

Die Sonne

h)

Die Schlange

Die Dame

i)

Das Kind

Der Reiter

Ihre Kombinationsfähigkeiten können Sie in den folgenden Kapiteln dieses Buches stetig weiterentwickeln und dank der zahlreichen und zunehmend komplexer werdenden Möglichkeiten von Kompositionen erweitern.

Kombinationen einer einzelnen Karte mit allen 35 anderen Lenormandkarten

Es gibt eine größere Anzahl von Büchern, in denen die Bedeutung jeder Lenormandkarte kombiniert mit allen anderen 35 Karten angeboten wird. Ich halte dies für verwirrend und zu einseitig, weil dadurch die Bedeutung einer Karte festgelegt wird, als würde sie immer dasselbe aussagen. Ihre Intuition und Ihr Erfahrungsschatz sind jedoch mindestens genauso wichtig. Beispielhaft möchte ich anhand der Karte des Bären jedoch solche kombinierten Bedeutungen einmal durchspielen, damit Sie sehen, in welcher Weise die Einzeldeutungen der Karten miteinander verschmelzen. Dies gilt immer sowohl bei der Kombination von zwei Karten als auch bei einer Karte, die bei einer großen Legung auf einer bestimmten Häuserposition (s. Seite 173) zu liegen kommt.

Ich formuliere die Texte hier gern als Aufforderung bzw. in einer direkten Ansprache, so dass Sie sich gleich ans »Werk« machen können. Der Bär symbolisiert für mich, neben allen bekannten Schlüsselworten, eine ganz bestimmte Haltung dem Leben und dem eigenen Sein gegenüber. Und diese färbt sich jeweils im Kontakt mit einer anderen Karte neu ein.

1	Bär + Reiter:	Sei in all deinen Unternehmungen souverän.
2	Bär + Klee:	Welch ein Glück, dass es mich gibt.
3	Bär + Schiff:	Selbstvertrauen sei der Treibstoff deiner Lebensreise.
4	Bär + Haus:	Erschaffe dir Lebensraum.
5	Bär + Baum:	Zuversicht und Treue tragen Früchte.
6	Bär + Wolken:	Unbeirrbar sich selbst sein.
7	Bär + Schlange:	Begegnungen der besonderen Art erweitern deinen Erfahrungsschatz.
8	Bär + Sarg:	Alles hat seine Zeit, das Gehen und das Kommen.
9	Bär + Blumen:	Du bist ein Geschenk der Götter.
10	Bär + Sense:	Tritt dem Leben entgegen. Zeig, was du kannst.
11	Bär + Ruten:	Nimm dir Raum und vertritt deinen Standpunkt.
12	Bär + Eulen:	Bereichere Gespräche mit deiner umfassenden Weltsicht.
13	Bär + Kind:	Du bist von der Freude am Leben erfüllt. Lass sie wachsen.
14	Bär + Fuchs:	Das Wissen um dein Sein lässt dich mit allen Wesen achtsam umgehen.
15	Bär + Bär:	Ich bin mir selbst der beste Freund. Wenn eine Karte in der großen Legung auf ihrem angestammten Heimathaus zu liegen kommt, verstärkt sich die Aussage. Sie erhält dadurch Gewicht und kann eine Schlüsselfunktion einnehmen. (siehe auch »Häuserdeutung« Seite 173).
16	Bär + Sterne:	Du bist Teil des Großen Ganzen und das erfreut deine Seele.
17	Bär + Störche:	Erweitere dich. Ein Neubeginn eröffnet dir neue Horizonte.
18	Bär + Hund:	Zugehörigkeit ist für dich der Inbegriff von Wohlgefühl.
19	Bär + Turm:	Die Konzentration auf dich selbst stärkt deine geistige Weite.
20	Bär + Park:	Dein Selbstverständnis schafft dir Freunde und Anerkennung.
21	Bär + Berg:	Geduld sei deine Stärke.
22	Bär + Wege:	Triff Entscheidungen mit Bedacht und sieh in jedem Weg neue Chancen.
23	Bär + Mäuse:	Bewahre dir deinen Raum, ohne dich von Alltäglichkeiten aus dem Konzept bringen zu lassen.
24	Bär + Herz:	Die Großzügigkeit deines Herzens erfreut dich und andere.
25	Bär + Ring:	Sei verbunden mit der Kostbarkeit deines Seins.
26	Bär + Buch:	Im göttlichen Plan deines Lebens bist du gut aufgehoben.
27	Bär + Brief:	Nichtwissen macht frei.
28	Bär + Herr:	Sei der Welt ein bewusstes und weitherziges Gegenüber.
29	Bär + Dame:	Vermehre deine empfangenen Talente und erfreue dich daran.
30	Bär + Lilien:	Genieße deine Lust.

31	Bär + Sonne:	Die Welt liegt dir zu Füßen. Nähre sie.
32	Bär + Mond:	Die Zartheit deines Herzens ist die Quelle deiner Kraft.
33	Bär + Schlüssel:	Sei dir sicher, dass du willkommen bist.
34	Bär + Fische:	Mögest du aus der Fülle des Seins deinen Lebensfluss nähren.
35	Bär + Anker:	In jedweder Lebenslage bist du immer du selbst.
36	Bär + Kreuz:	Befriede Dich mit deinem Sein und finde und erfülle deine Bestimmung.

Begegnung und Beziehung – Die Kombination von zwei Karten

Sie haben es bereits erkannt! Eine einzelne Kartenaussage wie bei der Tageskarte hat ihre Grenzen. Sie wollen mehr wissen bzw. erfahren, wie sich die Dinge zueinander verhalten und das bisher Gelesene und Erlebte weiter vertiefen. Sobald zwei Karten sich aufeinander beziehen, nimmt der Umfang dessen, was zu bedenken ist, zu. Außerdem orientiert sich die Deutung der Karten an der zuvor gestellten Frage.

Aufgabe 1
Blättern Sie zurück zum Kapitel *Die Kunst des Kombinierens* auf Seite 33 und nehmen Sie sich die Aufgabe 3 ein zweites Mal vor. Steigern Sie die Kombination des jeweiligen Kartenpaares, indem Sie folgende Frage stellen: »Welche Art von Urlaub täte mir dieses Jahr gut?« Für das erste Kartenpaar *Bär/Haus* könnte dies »Ferien in einem komfortablen Hotel« heißen. Berücksichtigen Sie auch hier wieder nicht nur die Symbolik, sondern auch die den Karten zugeordneten Grundeigenschaften.

a)
b)
c)
d)
e)
f)
g)
h)
i)

Ein Beispiel:
Vor Marcus liegt die heiße Abschlussphase eines 7-monatigen beruflichen Projekts. Was soll er jetzt unbedingt im Auge behalten? Dafür zieht er zwei Karten.

Der Baum

Die Wege

Die Karten sagen: »In dir zeigt sich der Spagat zwischen deiner eigenen Befindlichkeit im persönlichen Rhythmus (*Baum*) und der Erwartung der Umwelt (*Wege*) in Bezug auf das Projekt. Der Auftraggeber will das Neue (*Wege*) willkommen heißen und aufgrund dessen Entscheidungen (*Wege*) treffen. Es soll und will in die Welt hinaus. Je aufrichtiger und klarer du mit dir selbst bist und deine eigenen Ressourcen achtest (*Baum*), desto kraftvoller fließt die Energie in die Entfaltung des Neuen (*Wege*).«

Probieren Sie es gleich selbst an der ersten Aufgabe aus. Die passenden Lösungen finden Sie am Ende des Buches ab Seite 183.

Aufgabe 2
Zwei Menschen erhalten den Auftrag, gemeinsam ein Buch zu schreiben. Wie geht jeder von ihnen vor?

Autorin 1

Der Turm

Autorin 2

Das Schiff

Aufgabe 3
»Was kann ich wirklich?«

Die Ruten

Die Wege

Wo geht es hin? – Die Kombination von drei Karten

Durch die Hinzunahme einer weiteren Karte steigert sich die Komplexität der Beziehungen und damit auch der Deutungsmöglichkeiten. Die Kombination von drei Karten zeigt in einfacher und rascher Weise eine Übersicht über das, was Sie gerade beschäftigt. Ziehen Sie drei Karten aus dem vor Ihnen ausgebreiteten Kartenfächer, der zuvor gut gemischt wurde, und legen Sie diese von links nach rechts nebeneinander. Die erste Karte zeigt Ihnen das bisher Gewordene bezüglich Ihrer Frage, also die Vergangenheit, die zweite den momentanen Stand, die Gegenwart, und die dritte das, was an Potenzial für das Gefragte noch in der Zukunft liegt.

Die erste Anfrage verbunden mit einem Angebot blieb schon zwei Wochen unbeantwortet. Daraus entstand die Frage: »Wie soll ich mit diesem potenziellen Auftraggeber umgehen?«
Folgende Karten wurden gezogen:

1.

Die Lilien

2.

Der Hund

3.

Die Sonne

1. Genannte Anfrage war wie im Traum zustande gekommen. Dank eines öffentlichen Gesuchs ging das Angebot raus.
2. Voll Vertrauen auf das ernst gemeinte Gesuch und auf faires Verhalten kann zurzeit nur abgewartet und die Situation im Bewusstsein behalten werden.
3. Das Vorhaben wird gelingen. Persönliches Zugehen auf die Firma bringt sichtbaren Erfolg.

Aufgabe 1
»Was soll ich bezüglich meiner Arbeitssuche unternehmen?«

1.

Die Sterne

2.

Die Eulen

3.

Der Herr

Eine weitere Lesart der 3er-Legung ist folgende:
Nehmen Sie die erste Karte der Legung als Aussage für die aktuelle Situation und die dritte Karte für das Ziel, auf das Sie die erste Karte hinführen will. Die mittlere der Karten erzählt Ihnen, auf welche Art und Weise Sie dorthin gelangen.

Tanzpartner gesucht!

1.

Die Wolken

2.

Der Baum

3.

Die Blumen

1. Für die Dame ist es im Moment völlig unklar, wie sie bei einer solchen Suche vorgehen soll, um das passende Gegenüber zu finden.
3. Sie hat sich mit ihrem Bedürfnis deutlich der Welt zu zeigen und präsent zu sein, ….
2. damit sie ihre Lust am Tanzen leben kann und sich diese kreative Freude erfüllt.

Aufgabe 2
»Wie soll ich mit meiner halbwüchsigen Tochter umgehen?«

1.

Die Dame

2.

Die Ruten

3.

Das Schiff

Die 36 Karten der Madame Lenormand

Als ich meiner Freundin Gabriele den Entwurf zur Karte des *Klees* zu lesen gab und darum bat, sie möge schauen, wie das Ganze auf sie wirke, geschah für uns beide etwas Besonderes. Sie las alles, was ich zum *Klee* geschrieben hatte, und fühlte sich dieser Karte sofort sehr nah. Gleich beim »Spiel«, der ersten Aufgabe für jede Karte, gelang ihr das Verschmelzen mit der Karte in ihrer Vorstellung so spontan, dass sie sich postwendend in ihrer Kindheit wiederfand. Die Worte Einheit, Glück, Leichtigkeit, Urvertrauen, Geborgenheit und Kindheit fielen ihr augenblicklich ein. Sie fühlte sich leicht und gleichzeitig geerdet. Dieser Moment war für sie in einem Maße beglückend, wie es die Kleekarte nicht besser hätte ausdrücken können. Als sie sich bei den weiteren Aufgaben, die einer Frage bedürfen, für ihre letzte Kartenlegungsfrage entschied, war ihre ureigene Wahrheit vollkommen. Diese lautete: »Kann ich meine heilerischen Fähigkeiten in die Welt stellen?« Die Antwort der Karte bestätigte ihre Fähigkeiten, auf die sie einfach vertrauen sollte: »Schließe dich an das Urvertrauen deines inneren Kindes an. Dann befindest du dich in der Einheit mit dem, was ist, zugehörig und geborgen, und mit Leichtigkeit gibst du dein eigenes Glück durch deine Hände weiter«.

Dieses Erlebnis war für mich gleichermaßen kostbar. Hatte ich doch mit meinem Entwurf genau das erreicht, was ich gehofft und gewollt hatte. Berührung der Seele und Entdeckung eines ureigenen Zugangs zu einer Karte. Und somit beglückte in diesem Moment die Karte des *Klees* gleich zwei Menschen, denn ich hatte das, was in mir war, nach außen gesetzt und dort wurde es als solches verstanden.

Im Folgenden wird jede der 36 Karten mit ausführlichen Beschreibungen dargestellt. Spielerische Übungen und Aufgaben laden Sie ein, die Karte gleich selbst zu erforschen. Wie das eben beschriebene Erlebnis mit Gabriele zeigt, wird Ihre Hauptübung darin bestehen, sich immer nur auf eine Karte einzulassen. Geben Sie Ihrem Erleben Raum mit dem Wissen, dass sich Ihre inneren Bilder tief in Ihr Bewusstsein einspeichern werden, damit Sie sich an sie bei jeder zukünftigen Legung mit Leichtigkeit erinnern.

Jede Karte darf das bedeuten, was an Assoziationen, Gedanken und Gefühlen in Ihnen aufsteigt, ohne dabei beliebig zu sein. Natürlich finden Sie auf jeder Seite auch die überlieferten Schlüsselworte und Zuordnungen. Diese sind wichtig und geben Orientierung. Alles Weitere ist Erweiterung, Vertiefung, persönliche Erfahrung und eine Einladung, den Dialog mit den Karten in vielfältiger Art und Weise zu suchen. Erweiterung verstehe ich beispielsweise dahingehend, dass die Fuchskarte nach ihrer überlieferten Symbolik von »Lüge« oder »Falschheit« spricht. Letztlich fordert sie uns sehr deutlich zur bewussten Wahrnehmung auf. Die zunächst negativ anmutende Botschaft dieser Karte offenbart hier ihr konstruktives Potenzial.

Die Fülle der Worte mag zu Beginn womöglich verwirrend wirken. Da jedoch jede einzelne Karte eine Vielzahl von Facetten und Nuancen in sich birgt, die sich in der alltäglichen Praxis stets erweitert, möchte ich Ihnen viele Varianten weitergeben, damit Sie sehen, dass die Bedeutung einer Karte keineswegs starr ist, sondern je nach Situation, Frage und Person wandelbar ist.

Insofern bieten sich die Seiten zu den Einzelkarten besonders dann zum Studium an, wenn Sie gerade eine davon in einer Legung als markant empfinden. Nehmen Sie die Frage Ihrer Legung mit zu der entsprechenden Seite und arbeiten Sie anhand Ihres persönlichen Erlebnisses die Aufgaben durch. Sie werden sehen, wie sich dabei der Bedeutungshorizont einer Karte erweitert! Der erste Punkt, den Sie zu jeder Karte finden, ist mit **Das Spiel** überschrieben. Bevor die jeweilige Karte beschrieben und ehe der Verstand aktiv wird, sind Sie eingeladen, sich ganz in die jeweilige Darstellung einzufühlen, sozusagen in Ihrer Vorstellung in sie hineinzuschlüpfen und die in der Karte liegende Haltung, Form und Perspektive selbst einzunehmen. Das ist sozusagen die erste »Aufgabe« zu jeder Karte.

Bildbeschreibung: Diese ist mir besonders wichtig, denn sie schafft es, uns das sehen zu lassen, was ist. Neutral, frei von Interpretation. Um in Beziehung zu etwas, hier zu einem Bild, zu gehen, will ich zuerst einmal sehen, was das Gegenüber, auf das ich mich beziehe, zeigt, wie es aussieht, was ich sehe. Diese Bestandsaufnahme legt den Grundstein für eine nachfolgende Synthese.

Alle Darstellungen werden ohne die aufgedruckte Kartenzahl und ohne die mittig dargestellten Skatsymbole beschrieben. Ich deute letztere nicht. Die Berücksichtigung der Zahlenwerte finden Sie unter »Zuordnungen«. Es gibt dieselben Lenormandkarten auch mit eingedruckten Sinnsprüchen, deren Worten ich keine Bedeutung zumesse.

Bild: Die Abbildung jeder Karte ist mit kurzen Deutungshinweisen versehen, die Sie auf Besonderheiten aufmerksam machen und in eine erste Richtung weisen soll.

Botschaft: Lesen Sie hier, was die Darstellung über sich selbst sagt. Eine ganz besondere Perspektive!

Schlüsselworte: Dabei handelt es sich um die traditionellen Begriffe zu jeder Karte. Sie geben Orientierung und es empfiehlt sich, sie zu lernen.

Zuordnungen: Eine Übersicht der überlieferten Zuordnungen soll helfen, einer bestimmten Frage oder Situation auf die Spur zu kommen.

Typ/Temperament: Geschlecht, gesellschaftliche Stellung, Rolle

Zeit/Dauer: Aussagen zu einer Zeitspanne/auch Anzahl

Richtung/Lage: In welche Richtung schaut die Karte? Dies ist bei der Deutung der Karte relevant.

Beruf: Hinweise zur Arbeit

Partnerschaft: Beziehungsthema

Gesundheit: Für jede Karte gibt es eine Empfehlung zur Gesunderhaltung. Zudem sind fast alle Karten einem bestimmten Körperteil oder Organ zugeordnet.

Astrologie: Für diejenigen, die sich astrologisch auskennen, ist diese Einordnung, die Peter Ripota und ich für unser erstes Buch zum selben Thema vorgenommen haben, eine weitere Deutungshilfe (kardinal = beginnend, fest = ausdauernd, beweglich = anpassungsfähig).

Zahl: Alle Karten sind oben links von 1 bis 36 durchnummeriert. Zum Teil finden Sie individuelle Aussagen, zum Teil Wiederholungen. Letztere entspringen der einfachen Quersumme (34 = 3 + 4 = 7). Manchmal kann die Zahlensymbolik für das Finden einer Antwort den »Schlüssel« liefern.

Assoziationen: Diese Begriffe stammen hauptsächlich aus meinen persönlichen Erfahrungen, verbunden mit dem Ansatz, die Bedeutung der Karten zu erweitern.

Eigenschaften: Für die Beantwortung von Fragen ist es sehr wichtig, zu wissen, wie die Dinge sind oder wie sie sich entwickeln werden. In dieser Rubrik mischen sich traditionelle Begriffe und Erfahrungsschatz.

Aufgaben: Zu jeder Karte gehören sechs Aufgaben, die für alle Karten gleich aufgebaut sind. Wiederholungen vertiefen wachsendes Wissen und verbinden Erlebtes mit der Intuition. Diese wird beim Kartenlegen zu einer wahren Goldgrube. Die verschiedenen Aufgaben regen Ihre Wahrnehmung an, für Deutungen offen zu werden, und führen Sie darüber hinaus zu Ihren ganz persönlich bereichernden Ergänzungen. Zu vier der Aufgaben bedarf es einer zuvor gestellten Frage. Wenn Sie hier immer die gleiche Frage nehmen, kann sich die Antwort unter verschiedenen Blickwinkeln zeigen.

Jede zu findende Antwort will lebendig und dienlich sein. Wir fragen den Spiegel unserer Seele ja gerade zu diesem Zweck an, um dem eigenen Potenzial Schritt für Schritt näher zu kommen. Und dieses ist natürlicherweise vital und konstruktiv. Alle anscheinenden Hindernisse und Unzulänglichkeiten des Lebens sind Wegweiser, Erfahrungssammelstellen und Möglichkeiten, unser Sosein als Mensch und unsere Bestimmung liebend kennenzulernen.

Der Reiter

Das Spiel
Betrachten Sie als Erstes die Karte des Reiters. Stellen Sie sich vor, Sie seien dieser Reiter. Schlüpfen Sie ganz in seine Rolle, beleben Sie diese und spüren Sie die Lust, unterwegs zu sein, nehmen Sie die Energie des Pferdes unter Ihnen und die des Aufbruchs in Ihnen wahr. Was fühlen Sie?

____

____

____

Bildbeschreibung
Der Horizont wird von einer ansteigenden Baumallee und einer herrschaftlichen Burg gebildet. Von dieser führt ein von Wiesen gesäumter Weg nach links vorne in die Bildmitte, auf dem ein Reiter auf einem »Fuchs« daher geritten kommt. Sowohl das Geschirr und die Haltung des Pferdes als auch die Ausstattung des Reiters wirken sehr elegant. Der junge Herr trägt eine weiße Perücke und einen standesgemäßen schwarzen Hut, passend zum orangefarbenen Stoff seiner Kleidung im Stil des späten 18. Jahrhunderts. Die Sonne wirft Schatten von Pferd und Reiter nach links. Im Vordergrund steht am Wegrand ein Grenzstein in der Höhe der Vorderhufe des Pferdes.

Botschaft
»Das leichtfüßige und weit ausholende Unterwegssein gehört zu meiner jungen Lebensart. Ich liebe es, Menschen und Orte miteinander zu verbinden. Ich bringe Nachrichten von hier nach dort und webe dabei ein unsichtbares Netz über die Welt. Meine Kontakte sind direkt und von kurzer Dauer, ich komme gern und nehme leichten Herzens Abschied. Das Neue bringt mich auf Trab und die vielfältigen zwischenmenschlichen Beziehungen, die meine Wege säumen, beleben meinen Geist. Der Tanz des Lebens und zwischen den Geschlechtern ist mein Lebensquell. Kommen und gehen, etwas bringen und vom Ort meines Seins etwas in die Welt hinaustragen, ist meine Natur und meine Stärke.«

Schlüsselworte
Nachricht, kleine Reisen, Botschafter, Geliebter, Bote, Überbringer, Auftrag, Interesse.

Der Reiter im Rücken von *Dame/Herr* deutet auf Abwesenheit hin

Zuordnungen	Assoziationen	Eigenschaften
Typ/Temperament: Sportler, Tänzer, Liebhaber *Zeit/Dauer:* wird bald eintreten *Richtung/Lage:* nach links/ Bringerkarte *Beruf:* gute Chancen für Neues *Partnerschaft:* Flirt, Affäre *Gesundheit:* Heilungsaussichten durch Bewegung; Fesseln, Gelenke *Astrologie:* kardinaler Schütze *Zahl:* »1« steht für das Neue, gibt immer den Ton an, bleibt ungeteilt, Einheit, Einssein, Schöpfungsimpuls, Bewusstwerdung	Aufbruch, Veränderung Flexibilität Beweglichkeit Grenzüberschreitung Vertrauen Zukunft Gewohnheiten ändern neuer Lebensabschnitt Risikobereitschaft Horizonterweiterung Gewordenes hinter sich lassen, Begegnung, sich auf etwas zu bewegen	fortschrittlich lebhaft zukunftsweisend getragen sein optimistisch vorwärts blickend unaufhaltsam zielorientiert richtungsweisend Neues wagend sportlich aktiv

1: Was bedeutet die Karte des *Reiters* für Sie? Was ist Ihr stärkster Eindruck?

2: Wie haben Sie sich im Spiel als »Reiter« gefühlt? Finden Sie in diesen Gefühlen eine Antwort auf Ihre Frage?

3: Welche Hinweise gibt Ihnen allein schon die Bildbeschreibung auf die Bedeutung der Karte? Können diese Ihre Frage beantworten?

4: Und welche Anhaltspunkte finden Sie bezüglich Ihrer Frage in der Botschaft?

5: Formulieren Sie die Antwort aus den Schlüsselworten, Assoziationen und/oder Eigenschaften.

6: Eine persönliche Frage: »Was trägt Sie, was haben Sie der Welt zu bringen?«

Der Klee

Das Spiel
Betrachten Sie zuerst die Karte des Klees. Stellen Sie sich vor, Sie seien eines dieser Kleeblätter inmitten anderer oder Sie seien die Blüte. Schlüpfen Sie ganz in diese Rolle, beleben Sie sie und spüren Sie die Feinheit, das Kleine, Zarte. In welche Energie versetzt Sie der Klee? Welche Bedeutung bekommt Unscheinbares?

____

____

____

Bildbeschreibung
Vier gelbgrüne Kleeblätter umrahmen zwei kräftig pinkfarbene Kleeblüten. Die drei kleineren Blätter neigen sich nach vorne und zu den Seiten, das mittlere große Blatt bildet mit seinem gelben Muster einen zarten Ring.

Botschaft
»Es ist ein köstlicher Lebenszweck, Symbolträger für das Glück zu sein. Das erfreut und belustigt mich. Ich selbst bin eher unscheinbar und bescheiden, doch in der Fülle meiner Artgenossen sind wir unübersehbar. Darin ähneln wir dem Glück: Für die einen liegt es im Kleinen und andere erkennen es nicht, selbst wenn sie völlig davon umgeben sind. Wir sind Nahrung für Bienen und allerlei andere Tiere, so wie das Glück Leib, Seele und Körper nährt. Wir leben, wachsen und blühen gern, strecken uns der Sonne entgegen und im Wechsel von Werden und Vergehen kommen wir jedes Jahr wieder – ebenso wie das Glück!«

Schlüsselworte
Kleines Glück, Alltag, kurzfristiges Glück, Entspannung, Zufriedenheit

Zuordnungen	Assoziationen	Eigenschaften
Typ/Temperament: eine optimistische Person; flüchtige, aber angenehme Bekanntschaft *Zeit/Dauer:* kurzfristig *Richtung/Lage:* nicht relevant *Beruf:* erfolgreiche Phase *Partnerschaft:* zufriedene Beziehung *Gesundheit:* gute Aussichten auf Heilung *Astrologie:* bewegliche Fische *Zahl:* »2« Begegnung findet statt, Ausgleich, Echo, Alternative, Polarität, Dualität, Resonanz	Freude am Vertrauten Einfachheit Glück des Alltags Freude an Kleinigkeiten eine Prise Glück Feinheit Sorgfalt Zufriedenheit Treue Achtsamkeit Empfindungsfähigkeit Detailtreue Vertrauen	zart charmant wohlfühlend unbekümmert duftend klein wiederkehrend gesellig humorvoll glücklich freundlich liebenswürdig

1: Was bedeutet die Karte des *Klees* für Sie? Was ist Ihr stärkster Eindruck?

2: Wie haben Sie sich im Spiel als »Klee« gefühlt? Finden Sie in diesen Gefühlen eine Antwort auf Ihre Frage?

3: Welche Hinweise gibt Ihnen allein schon die Bildbeschreibung auf die Bedeutung der Karte? Können diese Ihre Frage beantworten?

4: Und welche Anhaltspunkte finden Sie bezüglich Ihrer Frage in der Botschaft?

5: Formulieren Sie die Antwort aus den Schlüsselworten, Assoziationen und/oder Eigenschaften.

6: Eine persönliche Frage: »Was freut Sie heute?«

Das Schiff

Das Spiel
Betrachten Sie als Erstes die Karte des Schiffes. Stellen Sie sich vor, Sie hätten es für eine Reise gechartert. Schlüpfen Sie ganz in die Rolle des Könners, der einen solchen Zweimaster über die Meere segelt. Beleben Sie diese Kraft und spüren Sie die Lust, unterwegs zu sein und sich der Weite, der Tiefe und der Bewegung des Ozeans anzuvertrauen. Sie nützen jeden Wind und verbinden sich voll mit der machtvollen Energie der Elemente. Was fühlen Sie?

Bildbeschreibung
Der Himmel ist leicht bewölkt und blickt heiter auf die grünblauen leicht gekräuselten Wellen des Meeres und auf drei Segelschiffe. Zwei davon sind weit entfernt und gerade noch am Horizont zu sehen. Der braune hölzerne Zweimaster mittig im Vordergrund fährt mit geblähten Segeln von links hinten schräg nach rechts vorne. Bei leichter Schieflage zur rechten Bildseite hin sind große, beigefarbene, in verschiedene Flächen eingeteilte Segel und ihre Verbindungsseile zu sehen. Der Bug des Schiffes läuft in einer langen und dünn ansteigenden Holzspitze aus.

Botschaft
»Ich bin unterwegs zu neuen Horizonten. Mit voller Kraft voraus setze ich meine Energie für das Ziel ein. Ich kenne meine Fähigkeiten und meine Stärken und nutze sie optimal. Die Bewegungen des Lebens fördern meine Flexibilität und fordern meine Widerstandskraft. Ich nutze die Strömungen und Winde des Lebens. Damit bin ich auf der Höhe der Zeit, sozusagen voll im Trend. Andere sind gleich wie ich unterwegs, jeder entsprechend seinem Ziel. Das Vertrauen sowohl in die Sicherheit meines (Lebens-)Schiffes wie auch in meine Fähigkeiten und in die Wechselfälle des Lebens führen mich.«

Schlüsselworte
Große Reise, Hoffnung, Sehnsucht, Träume, Horizonterweiterung, Philosophie, Ziel; Seelenkarte

Zuordnungen	Assoziationen	Eigenschaften
Typ/Temperament: reisender, unternehmerischer, beweglicher Mensch *Zeit/Dauer:* Chancen nutzen, die bald kommen *Richtung/Lage:* nach rechts; Bringerkarte *Beruf:* erkennt den Zeitgeist, nutzt günstige Möglichkeiten *Partnerschaft:* Beziehung auf die Ferne, kommend *Gesundheit:* Heilung durch Optimismus oder Tapetenwechsel; Leber *Astrologie:* beweglicher Schütze *Zahl:* »3« Begegnung von zweien mit einer neuen Frucht (Vater/Mutter/Kind), Dreieinigkeit, Zahl Gottes, Werden/Sein/Vergehen, lebendiges Ganzes	Potenzial zeigen und leben, Richtung Energie Talente nichts unversucht lassen sich den Elementen anvertrauen sich auf etwas zubewegen Können Mut Flexibilität Energien des Lebens nutzen vom Wind des Lebens angetrieben mit der Situation unzufrieden Vertrauen Tiefe	bewegt stark unsicher getragen sein beweglich frei unterwegs sein riskant zukunftsweisend mächtig zielorientiert geschehen lassen mutig kräftig

1: Was bedeutet die Karte des *Schiffes* für Sie? Was ist Ihr stärkster Eindruck?

2: Wie haben Sie sich im Spiel als »Schiff« gefühlt? Finden Sie in diesen Gefühlen eine Antwort auf Ihre Frage?

3: Welche Hinweise gibt Ihnen allein schon die Bildbeschreibung auf die Bedeutung der Karte? Können diese Ihre Frage beantworten?

4: Und welche Anhaltspunkte finden Sie bezüglich Ihrer Frage in der Botschaft?

5: Formulieren Sie die Antwort aus den Schlüsselworten, Assoziationen und/oder Eigenschaften.

6: Eine persönliche Frage: »Entspricht der Kurs, den Sie eingeschlagen haben, Ihrem Wesen?«

Das Haus

Das Spiel

Betrachten Sie als Erstes dieses majestätische Haus. Setzen Sie innerlich Stein auf Stein, bis Sie diesen äußeren und auch inneren Raum erschaffen. Wölben Sie Ihr Dach über sich, schmücken Sie sich mit Fenstern und Anbauten. Legen Sie einen prächtigen Garten zu Füßen und schmieden Sie sich Ihr Tor! Wer geht ein und aus? Wie fühlt sich Ihr Fundament an?

____

____

____

Bildbeschreibung

Mitten in einem mit Rasen, Büschen und Bäumen angelegten Garten steht ein Haus im Stil um Neunzehnhundert. Über zwei Stockwerke mit je drei stuckverzierten Fenstern wölbt sich ein Walmdach mit Gaubenfenstern. Rechts und links vom Haus stehen eingeschossige Anbauten in einer Art Veranda, auf der linken Seite führt von der Gartenpforte kommend ein Weg zum Haus. Vor dem Erdgeschoss erhebt sich eine verzierte Mauer. Der Garten ist gepflegt und kann, von einer niederen gemauerten Einfriedung umgeben, durch ein schmiedeeisernes schwarz geschwungenes Tor betreten werden. Zwei Steinsäulen tragen ihre Angeln, die sich unten und oben verbreitern und oben von je einer großen Steinkugel bekrönt werden. Zwei niedrige Stufen führen zum Gartentor.

Botschaft

»Hier stehe ich in meiner ganzen Größe und Gestalt. Stabil und fest gegründet biete ich Raum und Ausblick. Innen und außen gehören zusammen, sind eins. Geborgenheit und Zugehörigkeit vermitteln Schutz und Sicherheit. Ich biete Lebensraum und Heimat. Ich bin Teil der Welt und biete gleichzeitig Rückzugsmöglichkeit von der Welt. Das Tor zur Welt ist jederzeit zu öffnen und kann ebenso geschlossen bleiben. Meine Fassade ist gleichförmig, mein Mauerwerk stabil und ausdauernd, mein Inneres wandelbar. Dies gestalte ich je nach Bedarf und Möglichkeiten immer wieder neu. Mein Inneres zeige ich denen, die zu mir kommen, die mir begegnen wollen. Mein Äußeres bietet Entspannung, Erholung und Betätigung.«

Schlüsselworte

Besitz, Familie, Heimat, Zuhause, Sicherheit, Stabilität, Fundament, Grundsätzliches, Haus, Bodenständigkeit, Wohnung

Zuordnungen	Assoziationen	Eigenschaften
Typ/Temperament: ältere Person, sicher und gut gestellt *Zeit/Dauer:* auf längere Sicht *Richtung/Lage:* nicht relevant *Beruf:* Heimarbeit, solider Beruf *Partnerschaft:* Familiengründung *Gesundheit:* günstige Aussichten auf Heilung; der ganze Körper *Astrologie:* kardinaler Krebs *Zahl:* »4« stabil, gebunden, Erdung, Materie, irdische Wirklichkeit, Ganzheit hervorbringen, Herrscherzahl, irdische Zahl	Seele, Aura; Rückzugsmöglichkeit Innenraum, Innenleben Das Sein an sich Herkunft, Wurzeln Identität Einheit von Seele, Geist und Körper Lebensraum, Festigkeit Fähigkeit, in sich beheimatet zu sein Zugehörigkeit	häuslich, stabil, vertrauenswürdig familiär zurückhaltend authentisch traditionell auf Sicherheit bedacht standhaft geborgen steht zu seinem/ihrem Wort

1: Was bedeutet die Karte des *Hauses* für Sie? Was ist Ihr stärkster Eindruck?

2: Wie haben Sie sich im Spiel als »Haus« gefühlt? Finden Sie in diesen Gefühlen eine Antwort auf Ihre Frage?

3: Welche Hinweise gibt Ihnen allein schon die Bildbeschreibung auf die Bedeutung der Karte? Können diese Ihre Frage beantworten?

4: Und welche Anhaltspunkte finden Sie bezüglich Ihrer Karte in der Botschaft?

5: Formulieren Sie die Antwort aus den Schlüsselworten, Assoziationen und/oder Eigenschaften.

6: Eine persönliche Frage: »Was brauchen Sie, um sich beheimatet und authentisch zu fühlen?«

Der Baum

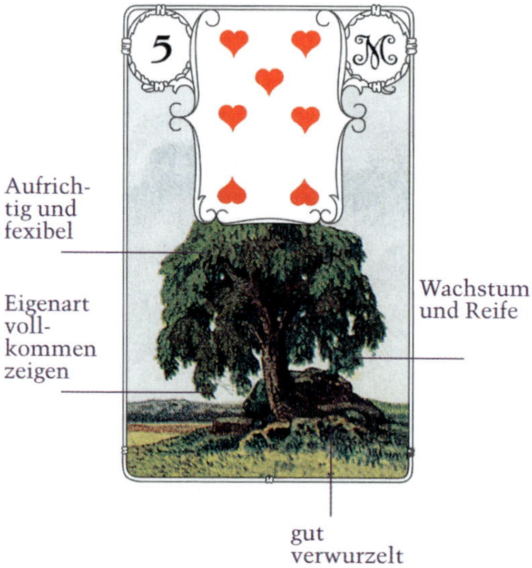

Das Spiel

Betrachten Sie als Erstes die Karte des Baumes. Stellen Sie sich vor, Sie seien diese allein stehende weit ausladende Buche. Schlüpfen Sie ganz in ihren Stamm, spüren Sie die feste Rinde, die Vielzahl der Jahresringe, vertiefen Sie sich in ihre weit verzweigten Wurzeln, bewegen Sie sich in ihren Ästen, Zweigen und Blättern. Was fühlen Sie?

____

____

____

Bildbeschreibung

Wiesen und Weite bilden den Hintergrund für eine einzeln in der Bildmitte stehende Buche. Sie trägt üppiges Laub und ihre Krone, die von zahlreichen Ästen und einem dicken Stamm getragen wird, ist weit ausladend. Teile ihrer großen Wurzeln sind sichtbar, bevor sich diese in die Erde senken.

Botschaft

»Unvorstellbar, dass meine majestätische Größe in einem Samenkorn verborgen lag und sich in zahlreichen Phasen von Werden und Vergehen zu diesem Ausmaß entwickeln konnte. Mein Leben wächst in Ringen, die sich um meine Mitte legen, und je tiefer ich meine Wurzeln verankere, desto ausladender wird meine Krone. Mein Sichtbares und mein Unsichtbares bedingen sich, das eine nährt das andere. Ich bin gut verwurzelt und begrüße das Leben jeden Morgen neu. Der Kreislauf des Lebens und der Natur bilden mich. Ich höre in den Zeiten des Blühens die Winde in meinen Zweigen und ich fühle in den Zeiten des Rückzugs das Verweilen der Starre. Ich gebe und nehme. Austausch und Wandlung im Sein sind mein Lebenszweck. Das Sein bringt die Fülle, ich habe nichts zu tun. Ich gebe mich ganz meinem Wachstum hin. Dies ist seit Anbeginn in mir angelegt und im ständigen Werden begriffen. Obwohl ich ständig am selben Ort bin, bin ich doch täglich neu.«

Schlüsselworte
Gesundheit, Konstitution, Vitalität, Langeweile, Kraftplatz, Verwurzelung, Wachstum, Leben

Die Karten rund um den *Baum* zeigen den Lebenswandel des Fragenden, »sie haben Wurzeln geschlagen«

Zuordnungen	Assoziationen	Eigenschaften
Typ/Temperament: ruhige,	Erholung	abwarten können
beständige, vitale Person	Natur	wechselnd
Zeit/Dauer: langfristige Entwick-	Schutz	beruhigend
lung, dauert länger als geplant	Heimat	langweilig
Richtung/Lage: nicht relevant	Zugehörigkeit	glaubwürdig
Beruf: dauerhaftes Berufsverhält-	Regeneration	nährend
nis, geruhsame Tätigkeit,	Größe, Fülle; Geben	tiefgründig
verdienter Ruhestand	und Nehmen	ausdauernd
Partnerschaft: Liebe zum Leben,	Entwicklung	individuell
beschützend, Sicherheit gebend	Reife	verwurzelt
Gesundheit: Naturheilkunde ist	Geduld	weit ausladend
günstig; Lungen	Beständigkeit	sichtbar
Astrologie: fester Krebs	Sicherheit	stark
Zahl: »5« Quintessenz, Mensch	Raum	stabil
als Verbindung von Himmel und	Austausch	ruhig
Erde, Sinnsuche/Sinnfindung,	Rückbindung	gleichbleibend
Zahl des Menschen	eigene Mitte	

1: Was bedeutet die Karte des *Baumes* für Sie? Was ist Ihr stärkster Eindruck?

2: Wie haben Sie sich im Spiel als »Baum« gefühlt? Finden Sie in diesen Gefühlen eine Antwort auf Ihre Frage?

3: Welche Hinweise gibt Ihnen allein schon die Bildbeschreibung auf die Bedeutung der Karte? Können diese Ihre Frage beantworten?

4: Und welche Anhaltspunkte finden Sie bezüglich Ihrer Frage in der Botschaft?

5: Formulieren Sie die Antwort aus den Schlüsselworten, Assoziationen und/oder Eigenschaften.

6: Eine persönliche Frage: »Was nährt Sie?«

Die Wolken

Das Spiel

Stellen Sie sich vor, Sie seien eine dieser aufgetürmten Schichtwolken. Wählen Sie die helle und dann die dunkle Wolkenwand. Schlüpfen Sie ganz in die jeweilige Ballung hinein, wie sie sich aufbaut und verdichtet, die Sicht versperrt und schwerer wird. Fühlen Sie sich getragen? Spüren Sie die kraftvolle Macht? Wollen Sie diese ganze Dichte wieder loswerden, abregnen? Was macht der Wind mit Ihnen? Welche Kräfte ziehen sich herbstlich zurück?

___

___

Bildbeschreibung

Weiße Schönwetterwolken links und sich aufbauschende braungraue Gewitterwolken rechts teilen sich den Hintergrund zu einer flachen Landschaft. Davor stehen auf einer grasbewachsenen Erhebung einige vom Wind bewegte Bäume in grün und rötlichbraun gefärbtem Herbstlaub. Die sich davor ausbreitenden Wiesen zeigen ebenso zweierlei herbstliche Farben: Ocker und Grün.

Botschaft

»Ich bin Beides, das Helle und das Dunkle, das Wilde und das Sanfte, das Schattige und das Lichte. Bewegung und Kraft sind mein Motor und ich mache vor nichts Halt. Das geistig Luftige ist mir zu Eigen und mit meinem Kommen und Gehen verbinde ich Himmel und Erde. Gegensätze ziehen mich an. Das Feuchte und das Trockene, Schwere und Leichtigkeit bewegen mich, Wärme und Kälte eilen mir voraus oder bringe ich mit. Für die einen wirke ich bedrohend und für andere erleichternd, ich bringe Segen und Zerstörung. Meine vorübereilende Art lässt mich wiederkehren. Ich bin der Freund der Erde und der Menschen. Ich lehre euch, das zu tun, was gerade ansteht, den Augenblick zu lieben und den Wechsel und die Vergänglichkeit zu schätzen.«

Schlüsselworte

Undurchschaubarkeit, Verschleierung, Vorübergehendes, Missverständnisse, Gewitter, Hell-Dunkel-Polarität, Vergänglichkeit, Angst, Unsicherheit

Die Karte unter den *Wolken* = bedrückend

Zuordnungen	Assoziationen	Eigenschaften
Typ/Temperament: Therapeut, der das Dunkle der Seele zeigt; wankelmütige Person *Zeit/Dauer:* vorübergehend, kurzfristig, Herbst *Richtung/Lage:* links/hell: Thema wird klarer, rechts/dunkel: Thema wird dringender *Beruf:* Turbulenzen, Unklarheiten, Überforderung *Partnerschaft:* Aufgestautes ansprechen, kleinere Krisen *Gesundheit:* Einheit von Seele, Geist und Körper beachten; Atem *Astrologie:* bewegliche Zwillinge *Zahl:* »6« Hingabe, Vereinigung, Durchdringung der Gegensätze, Fruchtbarkeit = von innen nach außen	Wechsel Flexibilität Energie Beweglichkeit Begegnung Unabhängigkeit Veränderung Standpunkt Zusammenballung Herausforderung Aggression Kraft Geben und Nehmen nicht die Geduld verlieren Klarheit Bewegung	geistig grenzenlos vorübergehend stürmisch vorauseilend launisch aufnehmend entscheidungsarm geschehen lassen klärend wiederkehrend abgebend seelisch unklar

1: Was bedeutet die Karte der *Wolken* für Sie? Was ist Ihr stärkster Eindruck?

2: Wie haben Sie sich im Spiel als »Wolken« gefühlt? Finden Sie in diesen Gefühlen eine Antwort auf Ihre Frage?

3: Welche Hinweise gibt Ihnen allein schon die Bildbeschreibung auf die Bedeutung der Karte? Können diese Ihre Frage beantworten?

4: Und welche Hinweise finden Sie bezüglich Ihrer Frage in der Botschaft?

5: Formulieren Sie die Antwort aus den Schlüsselworten, Assoziationen und/oder Eigenschaften.

6: Eine persönliche Frage: »Gibt es innere Glaubenssätze, die wiederkehrend Ihre Sicht begrenzen?«

Die Schlange

Das Spiel
Stellen Sie sich vor, Sie seien dieses weithin sichtbare Wesen. Schlängeln Sie sich in dieser Rolle, strecken Sie sich, verfeinern Sie immer mehr Ihre Wahrnehmung, erheben Sie sich in der Mittagsglut vom harten, steinigen Boden der Sonne entgegen. Ihr Sein weiß Dorniges für die Häutung zu nutzen. Was fühlen Sie?

____

____

____

Bildbeschreibung
Im Vordergrund einer weiten, gelbbraunen, sonnendurchfluteten und kargen Landschaft liegt eine Erhebung aus Steinen. Darauf wächst eine kaktusähnliche Pflanze mit neun sichtbaren stacheligen Blättern, in deren Mitte eine Schlange ein Drittel ihres Körpers aufrichtet. Die Schlangenhaut ist grün, mit einer gelbroten wabenförmigen Zeichnung. Die Schlange blickt nach links und zeigt ihre rote, gespaltene Zunge aus dem leicht geöffneten Maul.

Botschaft
»Es ist heiß und trocken. Die Luft flimmert. Ich liebe Intensität. Sie weckt meine Lebendigkeit und steigert mein Lebensgefühl. Ich bin energetisch in Hochform und zeige mich in meiner ganzen Größe und Einzigartigkeit. Alles Intensive stärkt meine Aufrichtekraft und meine Aufrichtigkeit. Ich richte mich auf – und das Leben liegt mir zu Füßen – für mich ein ganz ungewohntes Lebensgefühl und eine tägliche Übung. Ich liebe meine eigene Kraft und Größe. Ich bin beherrscht, warm, geschmeidig und sehr beweglich. Meine Haut ist mir sehr wichtig, sie ist für mich der Kontakt zur Welt. Hier spüre ich Hartes und Weiches, Feuchtigkeit und Wärme. Sie ist mir sehr nah. Ich schmücke mich mit ihr. Sie begleitet mein Wachsen und Reifen durch Häutung. Ich streife ab, was mich beengt, um das neu Gewordene und das neu Erkannte im frischen Gewande leben zu können.«

Schlüsselworte

Intelligenz, Verwicklungen, Umwege, Erotik, Sexualität, Selbstbewusstsein, Komplikationen, Gefahr, Standpunkt, Aufmerksamkeit

Die Karten zwischen *Schlange* und *Turm* erzählen von der Mutter

Zuordnungen	Assoziationen	Eigenschaften
Typ/Temperament: kluge/ erotische/ gefährliche/ mutige Frau, Geliebte, eigene Mutter	Entwicklung, Wachstum	authentisch
Zeit/Dauer: kommt auf Umwegen zum Ziel	Überzeugung	energetisch
Richtung/Lage: nach links	Standpunkt	sichtbar
Beruf: Achtsamkeit und Aufrichtigkeit sind wichtig	Aufrichtekraft	beweglich
Partnerschaft: erotische Beziehung, Nebenbuhlerin	Stärke	mutig
Gesundheit: Abwehrkräfte; Darm, Nabelschnur	Selbstsicherheit	wahr
Astrologie: kardinaler Skorpion	Intensität	intelligent
Zahl: »7« heilige Zahl, Symbol für das Ganze und Vollständige	Häutung	aufrichtig
	Sichtbarkeit aller persönlichen Anteile	facettenreich
	Integration von Lilith und Eva	wehrhaft
	Veränderung, Flexibilität	verführerisch
	Schuld, Sühne	bewusst
	anspruchsvolle Sache	klar

1: Was bedeutet die Karte der *Schlange* für Sie? Was ist Ihr stärkster Eindruck?

2: Wie haben Sie sich im Spiel als »Schlange« gefühlt? Finden Sie in diesen Gefühlen eine Antwort auf Ihre Frage?

3: Welche Hinweise gibt Ihnen allein schon die Bildbeschreibung auf die Bedeutung der Karte? Können diese Ihre Frage beantworten?

4: Und welche Anhaltspunkte finden Sie bezüglich Ihrer Frage in der Botschaft?

5: Formulieren Sie die Antwort aus den Schlüsselworten, Assoziationen und/oder Eigenschaften.

6: Eine persönliche Frage: »Zeigen Sie Ihre starken und Ihre ungeliebten Seiten aufrichtig?«

Der Sarg

Das Spiel
Betrachten Sie zuerst die Karte des Sargs. Tauchen Sie ein in das Schwarz, in die gefügte Form, in die Statik. Werden Sie feste, statische, schwarze Form. Füllen Sie den in Ihnen entstehenden Innenraum ganz aus. Spüren Sie das Material? Hat es einen Geruch? Was empfinden Sie? Will in Ihnen etwas über bestehende Formen hinaus wachsen?

Bildbeschreibung
Aufgebahrt auf einem schwarz umhüllten Podest auf gelbem Grund steht ein schwarzer Sarg, eingefasst mit gefrästen Verzierungsleisten. Am einen Ende des Sarges steht Farn, hinter ihm lehnt ein Lorbeerkranz mit gelber Schleife. Ebenfalls hinter dem Sarg steht eine Feuerschale auf einem Ständer, in der eine kräftige Flamme lodert.

Botschaft
»Wer mich sieht, kehrt ein oder flieht. Ich bin die äußere Form für das Ende. Ich bin das Gehen – um zu kommen. Ich bin Ende und Anfang. Ich bin fest gefügt und gelöst zugleich. Ich bin Tod und Neugeburt. Ich zeige mich in tiefem Schwarz. Alle Farben sind in mir vereinigt, zahllose Erfahrungen und Empfindungen sind gesammelt. Ich kenne jede Facette meines Lebens. Weil ich alles kenne, beende ich diese Fülle. Ich bin satt, lebenssatt, ich schließe ab, leere mich, gebe mich hin, gebe alles hin, nehme Abschied vom Gewordenen, vom Heute. Mit meinem ganzen Sein stehe ich verdichtet an der Schwelle, am Ende eines Zyklus. Ich trage die Essenz meines Gewordenseins in mir wie kostbarstes Öl, das die kommende Flamme der Neugeburt nähren wird. Das Übertreten der Schwelle konzentriert alle gemachten Erfahrungen zu höchster Energie, die den Funken zündet, der das Öl entflammt. Darin erhebe ich mich, vital und jung ins Licht, wie Phönix aus der Asche.«

Schlüsselworte
Gefahr, Krankheit, Tod, Abschied nehmen, Verneinung, Verlust

Der Sarg im Rücken von *Dame/Herr* = zehrt an der Kraft

Zuordnungen	Assoziationen	Eigenschaften
Typ/Temperament: düsterer, »tot« scheinender Mensch *Zeit/Dauer:* es ist gut, abzuwarten; ewig *Richtung/Lage:* nicht relevant *Beruf:* Priester, Arbeit mit Toten/Sterbenden, Ende einer beruflichen Aufgabe *Partnerschaft:* etwas ist zu Ende *Gesundheit:* Hinweis auf ein ernsthaftes gesundheitliches Problem; Seelisches *Astrologie:* fester Skorpion *Zahl:* »8« Ausgleich, Neuanfang auf höherer Ebene, Schwelle, Mittler, Gerechtigkeit, ständige Verbindung zweier Welten = Lemniskate, wie oben so unten, Erwachen	Verwandlung und Überwindung Überkommenes begraben etwas zum Abschluss bringen Kummer Abschied nehmen Melancholie Ende Stirb und Werde Phönix aus der Asche äußere Formen verabschieden mediale Veranlagung Trauer Neubeginn	verschlossen medial verwandelnd standhaft etwas begraben energielos meditativ geformt wiederkehrend belastend vergänglich stark liegt brach ungenützt

1: Was bedeutet die Karte des *Sargs* für Sie? Was ist Ihr stärkster Eindruck?

2: Wie haben Sie sich im Spiel als »Sarg« gefühlt? Finden Sie in diesen Gefühlen eine Antwort auf Ihre Frage?

3: Welche Hinweise gibt Ihnen allein schon die Bildbeschreibung auf die Bedeutung der Karte? Können diese Ihre Frage beantworten?

4: Und welche Anhaltspunkte finden Sie bezüglich Ihrer Frage in der Botschaft?

5: Formulieren Sie die Antwort aus den Schlüsselworten, Assoziationen und/oder Eigenschaften.

6: Eine persönliche Frage: »Ist etwas schon lange zu Ende und noch nicht begraben?«

Die Blumen

Das Spiel

Betrachten Sie als Erstes die Karte der Blumen. Riechen Sie den Duft? Kitzelt er in Ihrer Nase? Können Sie sich vorstellen, Teil dieses Arrangements zu sein? Wie fühlen Sie sich? Sind Sie eher Rose? Oder Nelke? Oder noch viel lieber ein schmückendes Gras? Womöglich die schwungvolle Schleife dieses üppigen Straußes?

Bildbeschreibung

Rot blühende Rosen und Nelken, weiße Margeriten, Maiglöckchen und Edelweiß, dunkelblauer Enzian und hellblaue Vergissmeinnicht sind die Blumen, die in diesem farbenreichen Blumenstrauß erkenn- und benennbar sind. Gräser und weitere gefiederte Blüten vergrößern und ergänzen diesen zu einem großen Bukett, das von einer weinroten Schleife zusammengehalten wird. Diese schwingt ihre beiden Enden weit wellenförmig nach rechts und links.

Botschaft

»Das Licht und die Wärme der Sonne haben meine Vielfalt zum Blühen gebracht. Die Kühle des Regens lenkte mein Gedeihen und die Kraft der Erde nährte mich. Aus dem dunklen Schoß wachse ich, zur Nahrung und zur Freude von Vielen. Der Sinn meines Lebens ist es, mich duftend und farbenfroh zu verströmen. In meiner Einzigartigkeit bin ich Teil des Ganzen, in der Komposition mit anderen bleibe ich mir treu. Diese Vielfalt beglückt mich und andere. Ich schenke mich ganz.«

Schlüsselworte
Geschenk, Freude, Hobby, Kompromisse, Kunst, Kreativität, Toleranz, Freundlichkeit, frohe Begegnung, Schönheit, Besuch, Fest, Geselligkeit

Zuordnungen	Assoziationen	Eigenschaften
Typ/Temperament: Künstler, kreative, zufriedene, liebenswürdige Menschen, weiblich *Zeit/Dauer:* kurzfristig *Richtung/Lage:* nicht relevant *Beruf:* künstlerischer, gestaltender, vielseitiger Beruf *Partnerschaft:* glücklich, zufrieden, harmonisch *Gesundheit:* Stärkung der Selbstheilungskräfte *Astrologie:* bewegliche Waage *Zahl:* »9« Sammlung vor dem Schritt, eigene Mitte, Selbsterkenntnis, Abgeschiedenheit, Treue zu sich selbst, Rückzug	Überraschung in Blüte stehend Kompromissbereitschaft Vergänglichkeit Natur Einzigartigkeit Anpassungsfähigkeit Charme Geselligkeit Liebenswürdigkeit Vielseitigkeit Vielfalt Glück besonders schöne Sachen	duftend kreativ erfreulich wechselnd farbenfroh verströmend schöpferisch beglückend zugewandt tolerant einzigartig charmant höflich

1: Was bedeutet die Karte der *Blumen* für Sie? Was ist Ihr stärkster Eindruck?

2: Wie haben Sie sich im Spiel als »Blumen« gefühlt? Finden Sie in diesen Gefühlen eine Antwort auf Ihre Frage?

3: Welche Hinweise gibt Ihnen allein schon die Bildbeschreibung auf die Bedeutung der Karte? Können diese Ihre Frage beantworten?

4: Und welche Anhaltspunkte finden Sie bezüglich Ihrer Frage in der Botschaft?

5: Formulieren Sie die Antwort aus den Schlüsselworten, Assoziationen und/oder Eigenschaften.

6: Eine persönliche Frage: »Blüht Ihre Kreativität? Was schenken Sie dem Leben?«

Die Sense

Das Spiel

Betrachten Sie als Erstes die Karte der Sense. Spüren Sie die Schärfe des Stahls? Die elastische Festigkeit des Sensenstiels? Sind Sie diejenige, die erntet oder dasjenige, das geerntet wird? Wie fühlt sich die Ruhe nach der konzentrierten Arbeit an? Wofür verwenden Sie Ihre Frucht?

Bildbeschreibung

Mehrere Garben liegen gebunden auf dem abgeernteten weit nach hinten führenden Feld, auf dem schon wieder junges Grün zu wachsen beginnt. Die Garben neigen sich mit den Körnern nach rechts und die Sense liegt mit dem Stiel auf den Garben ruhend. Der Sichelstiel zeigt nach links, ihre Spitze nach rechts. Am blauen Himmel ziehen leichte Schleierwolken.

Botschaft

»Die Zeit der Reifung ist zu Ende. Die wiederkehrende Arbeit des Pflügens, Säens und Wachsens ist vorbei. Ich bin reif. Voll und schwer trage ich die gesammelten himmlischen und irdischen Kräfte der letzten Monate in mir. Aus einem einzigen Samen erwuchs mir hundertfältige Frucht. Wachstum vermehrte mein Sein. Ich bin über mich hinausgewachsen, zur Nahrung vieler. Ich wuchs der Sonne entgegen, um auf dem Höhepunkt meines Werdens anderen dienlich zu sein. Alles hat seine Zeit. Ich kann meinen Halm nicht ziehen, um die Reifung zu beschleunigen. Ich kenne den Lauf der Zeit, ich ruhe, ich raufe aus, ich wachse und dresche – alles zu seiner Zeit. Die Weite des Lebens ermöglicht mir mein Sein, die Schärfe des Stahls dient meiner Frucht. Ich handhabe die Sense geschickt, damit keine Frucht verloren geht. Ich handhabe sie wissend, ohne zu verletzen. Ich bin bereit, das abzumähen, was reif ist. Ich trenne mich von alten Wurzeln, um mich wieder neu zu gründen.«

Schlüsselworte

Plötzliches, Überraschung, Unerwartetes, Unterbrechung, Schmerz, Warnung, Gefahr, Trennung von Altem, Vorsicht, Aggression, Anspannung

Links der Sense = Plötzliches, rechts = Aggression, Ärger

Zuordnungen	Assoziationen	Eigenschaften
Typ/Temperament: eine wagemutige Person, die radikal durchgreift, möglicherweise verletzend, Erfahrungen nützend *Zeit/Dauer:* plötzlich *Richtung/Lage:* rechts: Aggression, Verletzung, Trennung, Ärger, links: Überraschendes *Beruf:* zeitlich begrenzte Projekte, Unerwartetes *Partnerschaft:* Trennung von Überkommenem, eine Pause ist angesagt *Gesundheit:* Verletzungsgefahr; Zähne *Astrologie:* feste Jungfrau *Zahl:* »10« Neues beginnt, göttliche Ordnung, Vollendung, Vollkommenheit, 3 + 7 = 10, Baustein der Schöpfung, Lebensaufgabe	alles hat seine Zeit, es gibt im Moment nichts zu tun an die Dinge heran gehen Wachstum Ernte Reife Verletzung Achtsamkeit Erfahrung Abenteuer Pause Ruhe jugendliche Dynamik Entwicklung Ende	anpackend geradlinig verletzend realistisch entscheidungsfreudig machbar wagemutig unternehmerisch scharf vorsichtig gekonnt spitz aggressiv spontan

1: Was bedeutet die Karte der *Sense* für Sie? Was ist Ihr stärkster Eindruck?

2: Wie haben Sie sich im Spiel als »Sense« gefühlt? Finden Sie in diesen Gefühlen eine Antwort auf Ihre Frage?

3: Welche Hinweise gibt Ihnen allein schon die Bildbeschreibung auf die Bedeutung der Karte? Können diese Ihre Frage beantworten?

4: Und welche Anhaltspunkte finden Sie bezüglich Ihrer Frage in der Botschaft?

5: Formulieren Sie die Antwort aus den Schlüsselworten, Assoziationen und/oder Eigenschaften.

6: Eine persönliche Frage: »Was ist in Ihrem Leben reif für den Schnitt und kann geerntet werden?«

Die Ruten

Das Spiel
Betrachten Sie als Erstes die Karte der Ruten. Welchen Teil verkörpern Sie darin? Eher das bindende hellblaue Band? Den Stachelreif? Den Stock? Die Rute? Fühlen Sie sich ganz hinein. Spüren Sie die Energien, die Kräfte, die sich messen wollen? Um was geht es? Welche Kraftprobe steht an? Wofür setzen Sie sich ein?

____

____

____

Bildbeschreibung
Ein Reisigbesen, der einer Rute gleicht, und ein geschnitzter Stock liegen diagonal übereinander. Sie sind mit einem dornigen Zweig kreuzweise zusammengebunden. Der Reisigbesen wird an seinem Ende von einem blauen Band zusammengehalten. Dasselbe Blau schmückt den Stock kurz vor seinem oberen und unteren jeweils kugelförmigen Ende. Lederbänder mit Knoten hängen am oberen Ende des Stocks herab, das untere Ende zeigt eine Lederschlaufe. Hinter diesen beiden gekreuzten Ruten schlingen sich mittig kreisförmig grüne Dornen.

Botschaft
»Mich gibt es nur in der Mehrzahl. Alleine kann ich das mir Wesensgemäße nicht zum Ausdruck bringen. Ich lebe davon, mein Wesen und den mir innewohnenden Standpunkt deutlich auszudrücken, um den meines Gegenübers zu erfahren. Ich habe trennende Tendenzen, die sowohl Differenzierung wie auch Annäherung suchen. Ich schleife meinen in mir gereiften Blickwinkel im Spiegel der Meinungen anderer, um aus meinen Vorstellungen eigene Überzeugungen werden zu lassen. In dieser meiner Seinsweise erlebe ich andere Individuen mit ihrem spezifischen Blick auf die Welt und das Leben. An manchen reibe ich mich sehr und finde kaum Distanz zu deren Art. Andere bereichern mich und von wieder anderen fühle ich mich herausgefordert, meiner Bestimmung deutlich Ausdruck zu verleihen. Für diese übernehme ich Verantwortung und vertrete sie deutlich. Ich zeige alles, auch meine Ecken und Kanten, auch wenn ich mich damit schon selbst so manches Mal verletzt habe. Oder gar bestraft? Ich brauche das Du, um mich und die Welt zu erkennen!«

Schlüsselworte
Auseinandersetzung, Herausforderung, Diskussion, Konflikt, Streit, Kampf, geistige Anregung, Rechtsstreit

Zuordnungen	Assoziationen	Eigenschaften
Typ/Temperament: redefreudiger, streitlustiger Mensch *Zeit/Dauer:* keine zeitliche Aussage, Anzahl = 2 *Richtung/Lage:* nicht relevant *Beruf:* Konfliktberater, Anwalt, zwei Arbeitsstellen, Vorstellungsgespräch *Partnerschaft:* Phase der intensiven geistigen Auseinandersetzung, Ehrlichkeit ist gefragt *Gesundheit:* auf die eigene Gesundheit wird zu wenig geachtet; Zunge, Bänder, Sehnen *Astrologie:* fester Wassermann *Zahl:* »11« Unvollkommenheit, Meisterzahl = Meisterung der Triebkräfte, Zeit zwischen den Jahren (Raunächte)	geistige Herausforderung gegenseitige Anregung Kommunikation Wissen fruchtbare Diskussion Konfliktbereitschaft Redegewandtheit Austausch Anregung Aggression Energie Weltanschauung Rat, Gegenüber Standpunkt Klarheit, Verantwortung Erkenntnis Erfahrung, Haltung Bestrafung/Selbstbestrafung	aktiv redegewandt deutlich fordernd fest gebunden eindeutig fair offen klärend sich zeigen erkennbar konfliktfähig rechthaberisch kräftig verantwortlich

1: Was bedeutet die Karte der *Ruten* für Sie? Was ist Ihr stärkster Eindruck?

2: Wie haben Sie sich im Spiel als »Ruten« gefühlt? Finden Sie in diesen Gefühlen eine Antwort auf Ihre Frage?

3: Welche Hinweise gibt Ihnen allein schon die Bildbeschreibung auf die Bedeutung der Karte? Können diese Ihre Frage beantworten?

4: Und welche Anhaltspunkte finden Sie bezüglich Ihrer Frage in der Botschaft?

5: Formulieren Sie die Antwort aus den Schlüsselworten, Assoziationen und/oder Eigenschaften.

6: Eine persönliche Frage: »Was fordern Sie heraus? Was trennt?«

Die Eulen

Das Spiel
Betrachten Sie als Erstes die Karte der Eulen. Schlüpfen Sie in eines dieser Federkleider, werden Sie ganz zur Jägerin der Nacht. Was sehen Sie gerade? Was bewegt sich unter Ihnen? Über was tauschen Sie sich gerade mit Ihrer Eulennachbarin aus? Wie fühlen Sie sich in der Dunkelheit?

____

____

____

Bildbeschreibung
Zwei braune Eulen sitzen auf je einem Ast eines fast kahlen, nur verschwommen sichtbaren graubraunen Baumes. Es ist dunkel und nebelig trüb. Der Blick der beiden Eulen ist zwar in die Umgebung gerichtet, doch gleichzeitig wenden sich ihre Körper zueinander. Mit festem Griff umklammern ihre Krallen die Äste, von denen einer etwas Laub trägt.

Botschaft
»Es ist Nacht. Dies ist unsere beste Zeit. Wenn die Dunkelheit die Weite und die Vielfalt des Tages verschlingt, wird das Nahe und das Einzelne wichtig. Vom grellen Bunten des Tages und dessen Geschäftigkeit ziehen wir uns zurück. Wir schenken dem Naheliegenden und dem Augenblicklichen unsere ganze Aufmerksamkeit und konzentrieren uns voll auf das vor uns Liegende. Wir sind weise. Wir lieben es, uns mit Gleichgesinnten zu umgeben und uns mit ihnen auszutauschen. Das stärkt die Kraft des Einzelnen und lehrt uns das Können anderer. Wir sind einzigartig in dem, wie wir die Welt sehen. Dank unseres Blickwinkels leben wir gelassen und gut. Wir lieben beides: die Einsamkeit und die Geselligkeit. Wir sind geschwätzig und lautlos, ruhend und schwebend. Wir sind genaue und scharfe Beobachter, wir analysieren und bewerten und lassen jeden nach seiner Façon glücklich werden.«

Schlüsselworte
Gespräch, Unruhe, Hektik, Stress, Nervosität, Kommunikation, Sorgen, Kummer, Gedankenaustausch, Tratsch, nächtliche Aktivitäten

Zuordnungen	Assoziationen	Eigenschaften
Typ/Temperament: ältere/jüngere Frauen, Schwestern, älteres Ehepaar *Zeit/Dauer:* keine zeitliche Aussage, Anzahl = 2 *Richtung/Lage:* nicht relevant *Beruf:* zwei Berufe gleichzeitig, Nebentätigkeit, Weiterbildung *Partnerschaft:* Kommunikation ist sehr wichtig *Gesundheit:* nervlich bedingte Krankheiten; Nerven *Astrologie:* feste Zwillinge *Zahl:* »12« Ideal, Vollständigkeit, heilig, erreichtes Ziel, Zyklus, Lösung liegt in der Tiefe, ein Licht geht auf, eigene lebendige Überzeugungen	Einsicht Geschwätzigkeit Wissen Weisheit Klugheit Schatten Unausgesprochenes Anregung Sprache Neuigkeiten Gleichgesinnte Blickwinkel Weiterbildung Austausch	kleinkrämerisch analysierend detailliert gesprächig besonnen scharf beobachtend genau verborgen abschätzend aufgeregt nächtlich aufmerksam geschäftig beweglich

1: Was bedeutet die Karte der *Eulen* für Sie? Was ist Ihr stärkster Eindruck?

2: Wie haben Sie sich im Spiel als »Eulen« gefühlt? Finden Sie in diesen Gefühlen eine Antwort auf Ihre Frage?

3: Welche Hinweise gibt Ihnen allein schon die Bildbeschreibung auf die Bedeutung der Karte? Können diese Ihre Frage beantworten?

4: Und welche Anhaltspunkte finden Sie bezüglich Ihrer Frage in der Botschaft?

5: Formulieren Sie die Antwort aus den Schlüsselworten, Assoziationen und/oder Eigenschaften.

6: Eine persönliche Frage: »Reden Sie über andere oder mit anderen? Worauf richten Sie Ihren Blick?«

Das Kind

Das Spiel

Betrachten Sie als Erstes die Karte des Kindes. Stellen Sie sich vor, Sie stünden an einem sonnig warmen Morgen, festlich gekleidet voll Erwartung auf einem Weg, der an der höchsten Stufe einer Treppe entlangführt. Haben Sie die Blumen in Ihren Händen selbst gepflückt? Wen erwarten Sie? Auf was freuen Sie sich? Sind Sie glücklich? Aufgeregt? Oder eher artig?

Bildbeschreibung

Ein festlich ganz in Weiß gekleidetes Mädchen hält mit beiden Händen einen Blumenstrauß mit gelben und roten Blüten. Es steht auf einem sonnenbeschienenen Weg und schaut nach links. Der Weg ist umsäumt von Wiesen, kleinen Büschen und einigen großen, mit Grün bewachsenen Steinen, die zwei Stufen freigeben, welche geradewegs von unten kommend auf den Weg zuführen. Die Sonne scheint, eine weite Landschaft mit wechselnden Wiesen und Feldern läuft am Horizont in einen Hügel aus, auf dem in der Ferne eine Burg zu erkennen ist. Das braune Lockenhaar wird von einer blauen Schleife zusammengehalten, eine noch größere, weiße Schleife schmückt das Kleid des Kindes im Rücken und selbst die sehr feinen weißen Schuhe tragen weiße Schleifchen und spitze Absätze.

Botschaft

»Alles ist jung und frisch. Erwartungsfroh halte ich die ersten Frühlingsblumen in der Hand, wissend, dass meine eigene Freude überspringen wird auf das, was ich begrüße. Ich begeistere mich für all das Neue, was mir dieser Tag, dieser Moment bringen wird. Ich habe mich geschmückt und die Weite der Welt liegt mir zu Füßen. Ich freue mich am Naheliegenden und Kleinen und egal, wohin ich mich wende, entdecke ich neue Möglichkeiten. Das Leben liebt mich und ich liebe das Leben. Die Stufen des Wachstums nehme ich mit leichtem Schritt und ungeniert. Die Größe der Welt erwartet mich und ich bin bereit für Freude, Glück und Abenteuer.«

Schlüsselworte

Inneres Kind, Neubeginn, Jugend, Kreativität, Freude, kindliche Neugier, Erwartung, Naivität, Unselbstständigkeit, Begegnung

Zuordnungen	Assoziationen	Eigenschaften
Typ/Temperament: Kind, junges Mädchen, naive Person	Vertrauen	sorglos, neugierig
Zeit/Dauer: am Beginn	Interesse	bejahend
Richtung/Lage: nach links	Möglichkeiten	klein, gering
Beruf: Ausbildung, Halbtagsbeschäftigung, Neustart	neuer Lebensabschnitt	schön sonnig
Partnerschaft: junge Liebe, ohne Sorgen	Zukunft	schöpferisch
Gesundheit: Wachstum, Selbstheilungskräfte, Heilung schreitet voran	Ausbildung	lebenslustig
Astrologie: beweglicher Widder	Erwartung	optimistisch
Zahl: »13« mystische Zahl, Tabu = verbirgt Heiliges, bedeutsame vereinende Mitte, erlösend, verbindend, heilige Zahl	Verbundenheit	lebhaft
	Augenblick	naheliegend
	Moment	begeisterungsfähig
	Wachstum	ungeniert
	Entwicklung	leichtfüßig
	Bereitschaft	unbekümmert
	Spontaneität	lebenshungrig
	Frische	unbedeutend
	Abenteuer	

1: Was bedeutet die Karte des *Kindes* für Sie? Was ist Ihr stärkster Eindruck?

2: Wie haben Sie sich im Spiel als »Kind« gefühlt? Finden Sie in diesen Gefühlen eine Antwort auf Ihre Frage?

3: Welche Hinweise gibt Ihnen allein schon die Bildbeschreibung auf die Bedeutung der Karte? Können diese Ihre Frage beantworten?

4: Und welche Anhaltspunkte finden Sie bezüglich Ihrer Frage in der Botschaft?

5: Formulieren Sie die Antwort aus den Schlüsselworten, Assoziationen und/oder Eigenschaften.

6: Eine persönliche Frage: »Was liebt Ihr inneres Kind? Welche Wünsche erfüllen Sie ihm?«

Der Fuchs

Das Spiel
Betrachten Sie als Erstes die Karte des Fuchses. Stellen Sie sich vor, Sie seien dieser schlaue Räuber. Schlüpfen Sie ganz in seine Rolle, in seinen schönen rotbraun leuchtenden Pelz. Betrachten Sie mit diesem zierlichen Gesicht die Welt aus der Fuchsperspektive. Was sehen Sie? Was bewegt Sie? Was nehmen Sie wahr? Wohin führt Sie Ihr Weg?

____

____

____

Bildbeschreibung
Auf einer braungrünen ungemähten Wiese schleicht ein Fuchs von rechts nach links. Der Horizont scheint weit. Sein Blick ist aufmerksam und wach. Seine spitzt aufgestellten Ohren richten sich auf die Außenwelt. Der Schwanz hat eine weiße Spitze, die das Gras berührt und seine rechte Vorderpfote ist für den nächsten Schritt bereits angehoben.

Botschaft
»Ich bin unterwegs, wach und vorsichtig. Ich traue niemandem, manchmal nicht einmal mir selbst. Meine Hellhörigkeit und mein guter Geruchssinn kommen mir ausgezeichnet zustatten. Als intelligenter Räuber bin ich ein rechter Einzelgänger unter meinen Artgenossen. Ich kenne mich sehr gut aus, denn ich bin klug. Oft nütze ich meine Intelligenz zu meinem eigenen Vorteil, missachte andere und misstraue ihnen. Dank meiner guten Beobachtungsgabe kann ich jede Situation klar einschätzen. Ich jage und werde gejagt. Ein Aspekt des Lebens ist es, Glied einer Kette zu sein. Die Menschen lieben diese Sicht der Dinge wenig. Sie schielen nach Verbesserung, Vergünstigung und Vorteil, um sich aus der Masse hervorzuheben, um sich von ihr abzusetzen. Diese Eigenart sehen sie in mir gespiegelt.«

Schlüsselworte
Intelligenz, Verstand, Analyse, Falschheit, Lüge, Logik, Verstand, Betrug, Verrat, Hinterlist, Heimtücke, Missgunst, Neid, Vorsicht

Der Fuchs im Rücken = Verschwiegenheit

Zuordnungen	Assoziationen	Eigenschaften
Typ/Temperament: sorgfältig beobachtende, rasch entschlossene MenschenEinzelheiten *Zeit/Dauer:* keine zeitliche Aussage *Richtung/Lage:* nach links, in Bezug zu Personenkarten Ehrlichkeit anfragen *Beruf:* Börsenmakler, Programmierer, Anwalt *Partnerschaft:* Achtsamkeit, Rituale, gegenseitiger Respekt sind wichtig *Gesundheit:* sorgfältige Untersuchung ist angesagt; Hals, Nase, Ohren *Astrologie:* bewegliche Jungfrau *Zahl:* »14« = 2 x 7 = Ausgleich, Hilfe, Güte, Heilen, Barmherzigkeit, Mäßigung, Schutz, Authentizität	Achtsamkeit dem Wahren auf der Spur Wahrnehmung Was ist für mich wahr? alle Sinne geöffnet Reaktionsbereitschaft Bewahrung Gewahrsein Aufmerksamkeit Vorteil 6. Sinn Tricks Genauigkeit rasche Auffassungsgabe Sorgfalt Peripherie	wach augenblicklich fein nützlich weiß, was er will bewusst bereit intelligent hört alles sieht alles wahrhaftig falsch listig nutzt eigene Vorteile glaubt an den Erfolg vorsichtig schlau

1: Was bedeutet die Karte des *Fuchses* für Sie? Was ist Ihr stärkster Eindruck?

2: Wie haben Sie sich im Spiel als »Fuchs« gefühlt? Finden Sie in diesen Gefühlen eine Antwort auf Ihre Frage?

3: Welche Hinweise gibt Ihnen allein schon die Bildbeschreibung auf die Bedeutung der Karte? Können diese Ihre Frage beantworten?

4: Und welche Anhaltspunkte finden Sie bezüglich Ihrer Frage in der Botschaft?

5: Formulieren Sie die Antwort aus den Schlüsselworten, Assoziationen und/oder Eigenschaften.

6: Eine persönliche Frage: »Auf was lenken Sie im Alltag Ihre Aufmerksamkeit?«

Der Bär

Das Spiel
Stellen Sie sich vor, Sie seien ein solch mächtiges Pelztier. Schlüpfen Sie ganz in diesen Pelz, in diese Haltung, in diese Fülle und in dieses Gewicht. Welches Lebensgefühl stellt sich ein? Versetzen Sie sich zusätzlich in diese weite Gegend. Wie erhaben fühlen Sie sich? Was bewirkt die Landschaft in Ihnen? Was haben Sie in diesem Moment vor als Bär oder Bärin? Was bewegt Sie?

____

____

____

Bildbeschreibung
Die weite Landschaft mit weißen Schönwetterwolken bildet den Hintergrund für eine Bergkuppe mit niedriger Wiesenbewachsung. Steine liegen verstreut auf der Wiese. Zwei Nadelbäumen stehen links im Bild leicht hinter dem Bären und Alpenrosen im Bildvordergrund blühen zu seinen Pfoten. Auf dem höchsten Punkt im Zentrum sowohl des Bildes wie auch des Berges trabt ein Braunbär mit erhobener linker Vorderpfote in die Bildmitte.

Botschaft
»Ich bin, der/die ich bin. Mächtig und stark, sesshaft und treu. Ich stehe auf dem Gipfel meines Lebens und meines Reviers, ich herrsche mit Nachsicht und Großzügigkeit. Ich bin Herr/Herrin der Lage, mich wirft so schnell nichts um. Das Leben ist ein Genuss, die Süße des Lebens im Besonderen. Ich lebe ohne Grenzen, ganz im Takt meines Seins. Ich mag mich, ich bin gern mit mir allein und ziehe durch die Weite des Landes, das mich trägt und nährt. Es bietet mir alle Möglichkeiten, mein Sein zu entfalten. Dank meiner vielen Erfahrungen bin ich lebensklug und täglich neu begeisterungsfähig. Das Junge und das Reife in mir ergänzen sich gut.«

Schlüsselworte

Stärke, Selbstbewusstsein, Kraft, Vertrauen, Souveränität, Einzelgänger, Macht, Dominanz, Beständigkeit

Karten zwischen *Bär* und *Turm* erzählen vom Vater

Zuordnungen	Assoziationen	Eigenschaften
Typ/Temperament: ältere Person, Vater, Patron, Vorgesetzter, gutmütiger Onkel *Zeit/Dauer:* längerfristig *Richtung/Lage:* nicht relevant *Beruf:* verlässlicher Partner, gut gehende Geschäfte *Partnerschaft:* setzt sich für die Partnerschaft ein, manchmal ohne Rücksicht auf Verluste *Gesundheit:* stark, belastbar; Haare *Astrologie:* kardinaler Stier *Zahl:* »15« Vollmondzahl, heilige Zahl, Ambivalenz, 3 x 5 = göttliche Zahl + Zahl des Menschen, Reife	Horizonterweiterung Optimismus Kostbarkeit Genuss Besitz Anhäufung Materie Werte Abhängigkeit Prinzipien Moral Einzelgänger Natur Geduld Großzügigkeit	unterwegs seiend vorwärts blickend sorgend nährend Sicherheit gebend spielerisch tolerant vertrauenswürdig fest sorglos überheblich optimistisch naturverbunden selbstherrlich dominant spielerisch

1: Was bedeutet die Karte des *Bären* für Sie? Was ist Ihr stärkster Eindruck?

2: Wie haben Sie sich im Spiel als »Bär« gefühlt? Finden Sie in diesen Gefühlen eine Antwort auf Ihre Frage?

3: Welche Hinweise gibt Ihnen allein schon die Bildbeschreibung auf die Bedeutung der Karte? Können diese Ihre Frage beantworten?

4: Und welche Anhaltspunkte finden Sie bezüglich Ihrer Frage in der Botschaft?

5: Formulieren Sie die Antwort aus den Schlüsselworten, Assoziationen und/oder Eigenschaften.

6: Eine persönliche Frage: »Wie wichtig nehmen Sie sich? Wofür lassen Sie sich Zeit?«

Die Sterne

Das Spiel
Betrachten Sie zuerst die Karte der Sterne. Was erfüllt Sie spontan? In welchen Teil der Darstellung möchten Sie schlüpfen: Hügel, Tal, Fluss, Himmel, Stern? Was nehmen Sie in Ihren Blick als Stern? Was weitet sich? Welche Gefühle breiten sich aus? Was ruht? Welche Ihrer Sinne sind wach?

Bildbeschreibung
Es ist Nacht. Achtzehn Sterne leuchten von der Weite des Himmels auf das Land. Sanfte Hügel schmiegen sich an Wälder und einen Fluss. Die Landschaft verliert sich in der Ferne. Die Sterne sind unterschiedlich groß, drei funkeln besonders hell.

Botschaft
»Es ist dunkel. Der Himmel berührt die Erde wie in jeder Nacht. Berge und Täler, Wälder und Ebenen, Seen und Wiesen formen sich zu einer ruhenden Einheit. Sie bilden zusammen den einen, denselben Horizont, aus dem sich die Weite der nächtlichen Auen erhebt. Geräusche verstummen, der Klang der Nacht ist gedämpft und verbindet alles zu einem großen Ganzen. Die Unterscheidungen des Tages verblassen und lösen sich auf. In diesem Lösen lenken sie den Blick nach oben, zu den Lichtern der Nacht. Sie sind die leuchtenden Spiegel des Unsichtbaren und ein Zeugnis dafür, dass Chaos schöpferisch ist. Obwohl ihre Materie längst zerstört ist, strahlt die dabei freigewordene Energie immer noch für uns.«

Schlüsselworte
Nacht, Spiritualität, Träume, Klarheit, Sensitivität, Intuition, Religion, Erfolg, kosmischer Schutz

Spirituelle Karte/ mit *Sonne* + *Mond* = starke Medialität. Seelenkarte

Zuordnungen	Assoziationen	Eigenschaften
Typ/Temperament: spirituelle, religiöse Menschen oder Gruppen, Künstler, Musiker *Zeit/Dauer:* nachts *Richtung/Lage:* nicht relevant *Beruf:* Künstler, Ordensangehörige, Priester, Berufe in alternativer Medizin *Partnerschaft:* erfüllte Träume und Ideale *Gesundheit:* geistig-spirituelle Heilung z. B. durch Beten; Haut *Astrologie:* feste Fische *Zahl:* »16« Vollkommenheit, Feinstruktur der Wirklichkeit, harmonische Vielfalt, Potenzierung der irdischen Zahl 4 (4 x 4)	Ruhe, Gelassenheit Zufriedenheit Friede Weite, Wünsche schöpferisches Chaos Vertrauen, Zutrauen leuchtendes Beispiel Illusion Einheit, Erfüllung Emphatie Überblick kühlen Kopf behalten Empfindungsfähigkeit Hingabe, Vollendung Schutzengel nach den Sternen greifen	klar kreativ vortrefflich erhaben erfolgreich strahlend verbunden einheitlich künstlerisch begabt schöpferisch träumerisch hervorragend intuitiv

1: Was bedeutet die Karte der *Sterne* für Sie? Was ist Ihr stärkster Eindruck?

2: Wie haben Sie sich im Spiel als »Sterne« gefühlt? Finden Sie in diesen Gefühlen eine Antwort auf Ihre Frage?

3: Welche Hinweise gibt Ihnen allein schon die Bildbeschreibung auf die Bedeutung der Karte? Können diese Ihre Frage beantworten?

4: Und welche Anhaltspunkte finden Sie bezüglich Ihrer Frage in der Botschaft?

5: Formulieren Sie die Antwort aus den Schlüsselworten, Assoziationen und/oder Eigenschaften.

6: Eine persönliche Frage: »Wann sind Sie schöpferisch und welches Chaos brauchen Sie dazu?«

Die Störche

Das Spiel
Stellen Sie sich vor, Sie seien einer dieser Adebars. Verwandeln Sie sich ganz in seine Gestalt, lassen Sie Ihre Beine dünn und lang werden und sich röten, probieren Sie Ihre Flügel aus. Wie fühlt es sich an, aus den Augen eines so schmalen Kopfes die Welt zu betrachten, einen langen spitzen Schnabel vor sich hertragend?

Bildbeschreibung
Auf der Spitze eines rotbraunen Ziegeldaches steht ein Storchennest mit drei jungen weiß gefiederten Störchen. Ein erwachsener Storch steht mit seinen roten Beinen links über den Jungen im Nest und senkt seinen ebenso roten Schnabel zu ihnen hinunter. Der zweite Storch, gerade im Abflug, ist bereits mit ausgebreiteten Flügeln und nach hinten geschwungenen Beinen in der Luft und fliegt nach rechts aus dem Bild hinaus. Weites Land ist im Hintergrund angedeutet, der Himmel ist weiß bewölkt.

Botschaft
»Meine ganze Energie ist gesammelt und gerichtet. Gesammelt im Start und gerichtet auf die Unternehmung, für die ich mich aufschwinge. Die Spitze eines Kirchturms bietet mir Fundament genug, um mich sicher und fest gegründet zu fühlen. Das ist der Ort, an dem für andere das Ende der Fahnenstange erreicht ist. Für mich beginnen hier mein Sein und mein Lebensraum. An dieser Stelle begegnen sich Materie und Geist, Gefügtes und Freiheit, Gewordenes und Unbekanntes. Die Leichtigkeit des Seins trägt mich täglich himmelwärts und der Wunsch nach Zugehörigkeit lässt mich immer wieder zurückkehren in das gewohnte Vertraute und in die ruhende Form. Ich genieße meine Weite. Jeden Morgen schwinge ich mich aus der schützenden Begrenzung meines Heims auf in die Weite des Lebens. Die aufgehende Sonne schenkt mir den Impuls des Aufbruchs und die Abenddämmerung den Wunsch nach Einkehr. Beides gehört zu mir.«

Schlüsselworte
Neuanfang, Selbstständigkeit, Schwangerschaft, Veränderung, Umbruch

Die Karte links der *Störche* bringt dasjenige dorthin, was die Karte rechts der *Störche* zeigt

Zuordnungen	**Assoziationen**	**Eigenschaften**
Typ/Temperament: Optimist,	Horizonterweiterung	begeisterungsfähig
Schwangere	Standpunkt / Meta-Ebene	zupackend
Zeit/Dauer: bewegte Zeit	Verhaltensänderung	treu
Richtung/Lage: nach rechts;	Wohlgefühl	geborgen
Bringerkarte	Bewegung	impulsiv
Beruf: Selbstständige, Unter-	Weite	nährend, sprung-
nehmer, Beförderung, Projekt-	Schwung	haft, optimistisch
beginn, Aufschwung, Wechsel	Heimat	frisch
Partnerschaft: Familiengründung,	Zugehörigkeit	aktiv
Neubeginn	Zusammenhalt	jugendlich
Gesundheit: Kräfte kommen	Stabilität	mutig
wieder; Beine	Wiederkehr	kraftvoll
Astrologie: kardinaler Widder	Entdeckerdrang	flexibel
Zahl: »17« neue Hoffnung, neue	Idealismus	partnerschaftlich
Zukunft, Orientierung, Weitsicht,	Freiheit, Abbau	anpassungsfähig
kosmische Ordnung	Aufbau	ideenreich

1: Was bedeutet die Karte der *Störche* für Sie? Was ist Ihr stärkster Eindruck?

2: Wie haben Sie sich im Spiel als »Störche« gefühlt? Finden Sie in diesen Gefühlen eine Antwort auf Ihre Frage?

3: Welche Hinweise gibt Ihnen allein schon die Bildbeschreibung auf die Bedeutung der Karte? Können diese Ihre Frage beantworten?

4: Und welche Anhaltspunkte finden Sie bezüglich Ihrer Frage in der Botschaft?

5: Formulieren Sie die Antwort aus den Schlüsselworten, Assoziationen und/oder Eigenschaften.

6: Eine persönliche Frage: »Ist in einem Bereich Ihres Leben die Spitze der »Fahnenstange« erreicht?«

Der Hund

Das Spiel

Betrachten Sie zuerst die Karte des Hundes. Füllen Sie für einen Moment die Gestalt dieses Wesen aus. Wie fühlt sich die ruhende Wachheit an? Wie erleben Sie diese ungeteilte Aufmerksamkeit? Genügt Ihnen Ihr Sein? Was für einen Charakter hat Ihr Mensch, dem Sie im Spiel als Hund angehören?

____

____

____

Bildbeschreibung

Vor seiner Hundehütte liegt ein vielschattierter brauner Hund und schaut aufmerksam nach rechts. Er hat ein kurzes Fell und einen langen Schwanz. Neben ihm steht ein leerer roter Teller, hinter seiner Hundehütte blüht weiß ein junger Baum. Eine Mauer hinter dem Baum ist an der Oberkante mit Ziegeln gedeckt. Hinter derselben sind einige Bäume, ein entfernt stehender Turm und ein Hausdach zu sehen.

Botschaft

»Ich bin in Erwartung. Die Reaktion auf Impulse von außen ist meine Stärke, und meine Treue verleiht mir Sicherheit und Kraft. Wer mir Freund ist, dem gehöre ich an und ich erwidere diese Gabe der Freundschaft aufs Innigste. Ich bin dem Du zugewandt und schenke Aufmerksamkeit und Ausrichtung. In dieser Haltung bin ich besonders kraftvoll und meine Achtsamkeit verleiht dem Du Freiheit und Gelassenheit. Freundschaft braucht Ort und Raum, um zu gedeihen, und will gepflegt sein. Ich liebe es, zu hüten und wach das mir Anvertraute zu bewahren. Auf mich ist Verlass, denn ich kenne meine Grenzen. Ich lebe meiner Natur gemäß und genieße mein Sein. Alles, was meinen Frieden stört, vertreibe ich. Für mich ist gut gesorgt. Ich habe alles, was ich brauche.«

Schlüsselworte

Freundschaft, Aufmerksamkeit, Treue, Vertrauen, Kameradschaft, Zuverlässigkeit, Kollege

Zuordnungen	Assoziationen	Eigenschaften
Typ/Temperament: treuer Freund, zuverlässiger Begleiter, Sohn, anhänglicher Partner *Zeit/Dauer:* langfristig *Richtung/Lage:* rechts *Beruf:* Untergebener, zuverlässiger Kollege *Partnerschaft:* vertrauensvolle Freundschaft *Gesundheit:* stabil, belastbar, erfolgreiche Behandlung; Kehlkopf, Stimmbänder *Astrologie:* beweglicher Stier *Zahl:* »18« Schwelle zum Licht/ zum Heil, das Ganze, Einweihungszahl 2 x 9 / 3 x 6, Leidenszeit und Heilung	Entspannung Zufriedenheit Teamarbeit Reaktion Stärke Ausrichtung Schutz Achtsamkeit Bewahrung Verteidigung Grenzen Alltag	vertrauensvoll teamfähig erwartungsvoll gebunden anhänglich abhängig zugehörig bezogen auf etwas friedlich loyal ergeben anpassungsfähig zuverlässig gleich bleibend

1: Was bedeutet die Karte des *Hundes* für Sie? Was ist Ihr stärkster Eindruck?

2: Wie haben Sie sich im Spiel als »Hund« gefühlt? Finden Sie in diesen Gefühlen eine Antwort auf Ihre Frage?

3: Welche Hinweise gibt Ihnen allein schon die Bildbeschreibung auf die Bedeutung der Karte? Können diese Ihre Frage beantworten?

4: Und welche Anhaltspunkte finden Sie bezüglich Ihrer Frage in der Botschaft?

5: Formulieren Sie die Antwort aus den Schlüsselworten, Assoziationen und/oder Eigenschaften.

6: Eine persönliche Frage: »Was bedeutet Treue für Sie? Wo leben Sie ganz achtsam?«

Der Turm

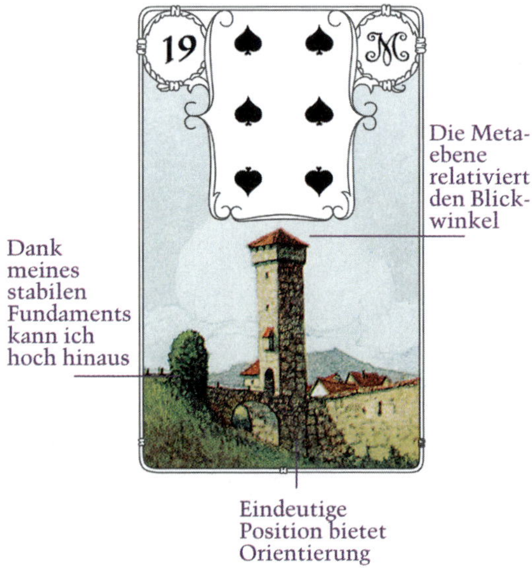

Das Spiel
Schlüpfen Sie durch das Stadttor und füllen Sie den über Ihnen aufstrebenden Raum. Wachsen Sie über sich hinaus! Richten Sie sich auf und werden Sie zur jeweiligen Stufe, die zur obersten Turmkammer führt. Kennen Sie jeden Stein, der Ihr Sein ausmacht? Und ahnen Sie die Weite und die Horizonterweiterung, die Sie ganz oben erwartet?

Bildbeschreibung
Unter leicht bewölktem Himmel erheben sich die Umrisse einer Hügelkette. Am Fuße derselben ruht eine mittelalterliche Stadt, deren rote Dächer sichtbar sind. Sie ist umgeben von einer hohen Stadtmauer, die von dem Turm, durch den das Stadttor führt, weiterhin überragt wird. Zum Turm führt eine Bogenbrücke über den Stadtgraben. Der Rand der Brücke wird von vier Steinpfosten und einem Busch angezeigt. Der Turm hat einen kleinen überdachten Anbau und darüber je eine Schießscharte. Unter dem Turmdach sind weitere Schießscharten zu sehen.

Botschaft
»Fest gefügt und altbewährt zeige ich mich in meiner vollen Größe. Ich überrage alles. Dank meines stabilen Fundaments kann ich hoch hinaus und mir über alles, ob nah ob fern, einen Überblick verschaffen. Ich schütze und bewahre, ich biete Ausblick und Sicherheit. Ich bleibe immer derselbe und erlebe doch jeden Tag neu. Die Wechselfälle des Lebens begegnen mir, ich halte stand. Dank meiner eindeutigen Position biete ich Orientierung für Innen und Außen. Das vor mir Liegende und das hinter mir Liegende gleichen sich. Je nach Blickwinkel wird innen zu außen und Äußerlichkeiten verkehren sich zu Innerstem. Die einen suchen bei mir Schutz und Sicherheit und die anderen finden Überblick und richtungweisende Weitsicht. Meine Eindeutigkeit verleiht mir Klarheit und in der Ausübung meiner Aufgabe bin ich erfolgreich, denn dafür bin ich begabt – sie ist meine Gabe. Ich konzentriere mich auf das Wesentliche und trenne mich von dem, was nicht zu mir gehört.«

Schlüsselworte
Institution, Behörde, Blockade, Rückzug, Trennung, Selbstständigkeit, Erfolg, langfristige Planung, Einzelkämpfer, Begrenzung, Ausland, Stolz, Gericht

Zuordnungen	Assoziationen	Eigenschaften
Typ/Temperament: Vorgesetzter,	Übersicht, Meta-Ebene	weithin sichtbar
Chef, Autoritätsperson, strenge,	Verantwortung	herausragend
ältere Person	Standpunkt	erfolgreich
Zeit/Dauer: langfristig	Überblick	verlässlich
Richtung/Lage: nicht relevant	Distanz, Qualität	isoliert
Beruf: Schritt für Schritt, durch	Wesentliches	geradlinig
harte Arbeit zum Erfolg,	Begrenzung	egoistisch
Selbstständigkeit	Einsamkeit	stabilisierend
Partnerschaft: privates Glück,	Akzeptanz, Klarheit	konzentriert
das Paar genügt sich selbst,	Überheblichkeit	beschützt
Trennung	Gabe – Aufgabe –	aufrichtig
Gesundheit: Verhärtung,	Begabung	Begabt
Austrocknung; Wirbelsäule	Aufrichtekraft	einsam
Astrologie: kardinaler Steinbock	Überblick	selbstständig
Zahl: »19« goldene Zahl, kos-	Orientierung, Weite	hervorragend
mische Gesamtheit, erreichte	Fundament	
Ganzheit, gelungenes großes Werk	Basis	

1: Was bedeutet die Karte des *Turms* für Sie? Was ist Ihr stärkster Eindruck?

2: Wie haben Sie sich im Spiel als »Turm« gefühlt? Finden Sie in diesen Gefühlen eine Antwort auf Ihre Frage?

3: Welche Hinweise gibt Ihnen allein schon die Bildbeschreibung auf die Bedeutung der Karte? Können diese Ihre Frage beantworten?

4: Und welche Anhaltspunkte finden Sie bezüglich Ihrer Frage in der Botschaft?

5: Formulieren Sie die Antwort aus den Schlüsselworten, Assoziationen und/oder Eigenschaften.

6: Eine persönliche Frage: »Sind Sie für Ihre Umgebung als selbstständiges Wesen sichtbar?«

Der Park

Das Spiel

Betrachten Sie zuerst die Karte des Parks. Werden Sie selbst zum Park, lassen Sie sich begehen, betreten. Empfangen Sie Ihre Gäste, Ihre Bewunderer, die, die sich an Ihrem Zauber nähren wollen. Öffnen Sie sich für alle. Gründen Sie Ihre Empfindung in die vielen Jahrzehnte, in denen Sie zu dem wurden, was Sie heute sind und die Ihre gestaltete Harmonie ausmachen.

Bildbeschreibung

Der sandsteinfarbene Weg führt über drei Stufen direkt in die Bildmitte, mitten in eine Parkanlage hinein. Links der Stufen blüht weiß ein Busch, dahinter stehen drei hohe und schlanke Zypressen. Davor sind die Stufen von einer Mauer gerahmt, die auf zwei kleine Steinsockel zuläuft. Diese tragen je eine bepflanzte Schale. Rechts der Treppe ragt eine deutlich höhere und breitere Steinsäule mit dem eingemeißelten Relief einer Frau hinter einem rotblühenden Strauch und in die Höhe rankenden Büschen auf, dessen Abschluss eine wie zur Blüte geformte Pflanzschale bildet, in der eine vielblättrige kräftige Kaktee in die Höhe strebt. Hinter zwei weiteren Zypressen am Ende der Stufen, in deren Mitte sich vor einem blühenden Busch eine Pinie erhebt, verläuft sich der sehr gepflegte Park in dichtem Baumbestand.

Botschaft

»Majestätisch und üppig geschmückt lade ich die Welt zu mir ein. In mir lebt meine lange Vergangenheit und meine Jugend. Dank der intensiven Pflege entfalte ich meine Schönheit und die Reife meiner Jahre verleiht mir Würde und Zauber. Ich bin beides: weitläufig und geheimnisvoll, geradlinig und geformt. Das eine unterstreicht das andere und versetzt mich in die Lage, all meine Triebe und Anlagen zur Blüte zu bringen. Jede Art hat ihre Zeit und so ist mein Blühen, mein Wachsen und Reifen etwas Immerwährendes, ohne Ende. Ich bin offen und in freudiger Erwartung. Denn täglich begegnet mir das Leben. Die Welt, die zu mir kommt, ist mir wichtig. Ohne sie verliert mein Sein seinen Sinn. Die Pflege des Lebens verleiht mir sichtbare Würde und Achtung. Meine Freude am Sein erfreut andere. Begegnung findet statt!«

Schlüsselworte

Öffentlichkeit, große Veranstaltung, Bühne, öffentliches Gebäude, soziales Umfeld

Die Karten um den *Park* zeigen die Gesellschaft, in der ich mich gern bewege

Zuordnungen	Assoziationen	Eigenschaften
Typ/Temperament: Person, die sich in einer Gruppe und vor Publikum wohl fühlt *Zeit/Dauer:* andauernd *Richtung/Lage:* nicht relevant *Beruf:* Schauspieler, Redner, Politiker, berufliche Wünsche sind erfüllt, Öffentlichkeitsarbeit *Partnerschaft:* feste, öffentliche Beziehung, gesellschaftliche Kontakte sind wichtig *Gesundheit:* Pflege in einer Klinik, Kur *Astrologie:* fester Löwe *Zahl:* »20« Gesetz und Gnade, Vereinigung von Diesseits und Jenseits, Erwachen	Optimismus Lebensfreude Lebensbühne Publikum Harmonie Schönheit in Blüte stehen Begegnung Beachtung Meinung anderer beachten Offenheit Engagement Pflege Besuch Investition Vergangenheit Aufmerksamkeit Anerkennung	entfaltend gepflegt jung und alt üppig, dauernd geschmückt sich gerne ins Szene setzen präsentieren kreativ großzügig offen öffentlich kommt bei allen gut an weitläufig geradlinig, ausladend

1: Was bedeutet die Karte des *Parks* für Sie? Was ist Ihr stärkster Eindruck?

2: Wie haben Sie sich im Spiel als »Park« gefühlt? Finden Sie in diesen Gefühlen eine Antwort auf Ihre Frage?

3: Welche Hinweise gibt Ihnen allein schon die Bildbeschreibung auf die Bedeutung der Karte? Können diese Ihre Frage beantworten?

4: Und welche Anhaltspunkte finden Sie bezüglich Ihrer Frage in der Botschaft?

5: Formulieren Sie die Antwort aus den Schlüsselworten, Assoziationen und/oder Eigenschaften.

6: Eine persönliche Frage: »Was pflege ich so, dass ich es der Welt zur Verfügung stellen kann?«

Der Berg

Das Spiel
Betrachten Sie zuerst die Karte des Berges. Verwandeln Sie sich in ihn, stülpen Sie sich aus, höher und breiter, fester und steiniger. Bilden Sie Furchen und Wege, Täler und Schluchten. Wie gewaltig stehen Sie da? Wie erhaben und beschaulich? Was liegt vor Ihnen, was vertreten Sie vor der Welt?

____

____

____

Bildbeschreibung:
Eine Hochgebirgslandschaft breitet sich bis in die Ferne aus. Die Gipfel tragen blanken Fels und Schnee. Sie liegen weit über der Baumgrenze. Der Weg dorthin führt über einen sanft ansteigenden saftig grünen Kamm, vorbei an niedrigen Nadelbäumen und hie und da einem Felsklotz.

Botschaft
»In mir gipfelt alles: die Weite, die Tiefe, der Abgrund und die sanften, lichten Auen. Ich biete meiner Umgebung Ziel und Herausforderung, Ausrichtung und Ruhe, Verweilen und einen Ort zum Kräftesammeln. Wer Anstrengung und Abenteuer wagt, überwindet seine eigenen Grenzen. Neue Horizonte eröffnen sich und Gipfelerlebnisse lassen Kleines groß und talwärts Großes klein erscheinen. Die Prioritäten des Lebens verkehren sich in meinen Höhen, ich biete Innehalten und Lauschen. Ich habe Zeit, alle Zeit der Welt. Ich bin, ich war, ich werde sein. Meine Härte bietet Halt, meine Festigkeit verleiht Dauer. Wer hoch hinaus will, braucht Konzentration, Mut und Ziel. Mein Gipfel verbindet den Himmel mit der Erde. Alles bisher Gekannte liegt mir dort zu Füßen. Alles, was um mich herum zu sehen ist, ist wie ich und doch bin ich einzigartig. Ich bin Teil der Weite, Teil der Grenze, Teil der Härte, Teil des Großen, Teil des Kleinen, Teil des Gewordenen.«

Schlüsselworte
Hindernis, Blockade, Aufgabe, Hemmungen, Frustration, Schwierigkeiten.

Eine Hürde ist zu nehmen, um die andere Seite zu erreichen. Das, was ich will, bekomme ich nicht so leicht.

Zuordnungen	Assoziationen	Eigenschaften
Typ/Temperament: ältere Person mit starren Ansichten und hohen Anforderungen, die eher fordert als fördert *Zeit/Dauer:* langfristig, derzeit keine Bewegung *Richtung/Lage:* nicht relevant *Beruf:* hohe Ziele, mit Anstrengung zu erreichen *Partnerschaft:* um die Partnerschaft zu bewahren, braucht es neue Ziele *Gesundheit:* Verhärtungen, Energielosigkeit, Verkalkung, Chronisches; Schädel, Knochen *Astrologie:* fester Steinbock *Zahl:* »21« Vollständigkeit, Perfektion, das größere Ganze = 3 x 7, Vollkommenheit, Ziel, Frucht des Individuationsprozesses	Blick von oben Überblick Prioritäten setzen Meta-Ebene Ziel Zielsetzung Gipfel Training Überwindung eigener Grenzen Zeit Zeitlosigkeit Konzentration nach innen hören Durchhaltevermögen Herausforderung einen langen Atem haben Anforderung	anstrengend allein, mich haut nichts um ehrgeizig frustrierend geduldig innehaltend unbeweglich verweilend langsam Mutig stark ausdauernd kraftvoll diplomatisch

1: Was bedeutet die Karte des *Berges* für Sie? Was ist Ihr starkster Eindruck?

2: Wie haben Sie sich im Spiel als »Berg« gefühlt? Finden Sie in diesen Gefühlen eine Antwort auf Ihre Frage?

3: Welche Hinweise gibt Ihnen allein schon die Bildbeschreibung auf die Bedeutung der Karte? Können diese Ihre Frage beantworten?

4: Und welche Anhaltspunkte finden Sie bezüglich Ihrer Frage in der Botschaft?

5: Formulieren Sie die Antwort aus den Schlüsselworten, Assoziationen und/oder Eigenschaften.

6: Eine persönliche Frage: »Für welche neuen Horizonte lohnt sich ein Innehalten?«

Die Wege

Das Spiel

Betrachten Sie zuerst die Karte der Wege. Legen Sie sich wie sie der Welt zu Füßen. Wie fühlt es sich an, flach und weltumspannend zu sein? Umsäumen Sie sich mit zartem Frühlingsgrün und spüren Sie das Gewicht der Bäume, die sich entlang Ihren Rändern festhalten. Selbst bewegungslos bieten Sie Bewegung. Was bewegt Sie als Weg?

Bildbeschreibung

Frühlingsgrüne Birken säumen den Weg, der sich nach vorne hin dreimal verzweigt. Ein Wegweiser zeigt in jede der vier möglichen Richtungen. Die ebenso frühlingshaft hellgrünen Wiesen dehnen sich aus, links neigen sie sich einem Bachlauf zu, der von einer Bogenbrücke im Hintergrund überspannt wird. Am Weg, der auf die Kreuzung zuführt, steht am linken Rand ein Grenzstein.

Botschaft

»Ich bin überall, in unzähligen Arten und Gestaltungen. Ob getrampelt oder geteert, geschottert oder begrünt – ich führe weg und wohin, nach Hause und in die Fremde, ich bin weder hier noch dort, denn ich bin immer und gleichzeitig. Gleich dem gründenden Frühling webe ich ein Band meines Seins über die Welt, knüpfe ein Netz, das verbindet. Es verbindet Gegensätze, weiß und schwarz, Freund und Feind, Lust und Last, Nahes und Fernes. Ich biete allen alle Möglichkeiten und begleite sie bei den Schritten ihres Tuns – auch auf Wegen, die sie nicht gehen wollten. Ich bin da, zu jeder Zeit, Tag und Nacht. Ich biete Richtung und Ziel, Umkehr und Einkehr, Rasten und Eilen. Heimkehr und Abkehr finden auf denselben Wegen statt, der eine scheidet, die andere kommt an. Wer sich ausrichtet, wählt die Richtung. Für heute, für morgen, für jetzt. So scheiden andere Richtungen und Möglichkeiten aus. Eine Ent-Scheidung ist gefallen. Ein Abschied, eine Abkehr vom einen erschafft das andere. Die Bänke entlang meines Seins dienen jenen, die sich entscheiden, sich nicht zu entscheiden. Sie mögen ruhen und sich besinnen bis zum passenden Zeitpunkt des Aufbruchs und Neubeginns.«

Schlüsselworte

Wahlmöglichkeit, Entscheidung, Unbekanntes, Wendepunkt. Das letzte Wort ist noch nicht gesprochen. *Der Reiter* beschleunigt, der *Berg* verlangsamt.

Zuordnungen	Assoziationen	Eigenschaften
Typ/Temperament: mehrere Menschen, vielfältige Gruppe *Zeit/Dauer:* eher kurzfristig; *Anzahl:* mehrere *Richtung/Lage:* nach rechts *Beruf:* Bisheriges ausbauen, neue Angebote nutzen *Partnerschaft:* Wendepunkt in einer Beziehung, Beziehung auf Distanz *Gesundheit:* Kombination mehrerer Heilverfahren; Venen, Adern *Astrologie:* beweglicher Wassermann *Zahl:* »22« Bausteine des Universums, Anfang und Ende eines Weges, Zahl der Wege, Lebensweg, Meisterzahl – Meisterung	Vielfalt Bewegung Richtung Ziel Strecke Umkehr Einkehr Abschied Neubeginn Ausrichtung Begrenzung Wechsel Veränderung eigene Verantwortung geht den Weg des geringsten Widerstands Unterwegssein Fortschritt Möglichkeiten Begegnung	wagemutig ausbaufähig vielseitig loslaufen eindeutig oberflächlich verbindend endlos, anfangen sichtbar frisch gleichberechtigt unentschlossen Unterschiedlich veränderbar entscheidungs-freudig

1: Was bedeutet die Karte der *Wege* für Sie? Was ist Ihr stärkster Eindruck?

2: Wie haben Sie sich im Spiel als »Wege« gefühlt? Finden Sie in diesen Gefühlen eine Antwort auf Ihre Frage?

3: Welche Hinweise gibt Ihnen allein schon die Bildbeschreibung auf die Bedeutung der Karte? Können diese Ihre Frage beantworten?

4: Und welche Anhaltspunkte finden Sie bezüglich Ihrer Frage in der Botschaft?

5: Formulieren Sie die Antwort aus den Schlüsselworten, Assoziationen und/oder Eigenschaften.

6: Eine persönliche Frage: »Was ist in Ihnen noch ausbaufähig?«

Die Mäuse

Das Spiel
Betrachten Sie zuerst die Karte der Mäuse. Welches der Nagetiere sind Sie? Oder stellen Sie sich als Korn dem hungrigen Team zur Verfügung? Wie fühlt sich das Nagen an? Wie das Genagt- und Gefressenwerden? Was verbindet Sie mit den esslustigen Artgenossen? Wie fühlen Sie sich in diesem Gemäuer?

____

____

____

Bildbeschreibung
Vier graue und zwei hellbraune Mäuse sitzen vor einer Anhäufung von Essbarem in einem Kellerraum und fressen. Eine der hellen Mäuse wendet sich nach vorne und verzehrt ihren Anteil für sich allein. Eine der grauen sitzt mit dem Kopf nach links direkt auf dem Futter, sie ist ganz mit Fressen beschäftigt. Von drei Mäusen sind die langen Schwänze zu sehen, der Schwanz der einen hellbraunen Maus ist eingeringelt.

Botschaft
»Schaut die Sperlinge auf den Feldern. Sie säen nicht, sie ernten nicht. Und der himmlische Vater nährt sie doch. Ob gefiederter Freund oder pelztragendes Nagetier – die unerschöpfliche Fülle der Natur nährt uns alle. Das haben wir mit den Sperlingen gemeinsam. Wir lieben die Früchte der Erde und genießen jedes einzelne Korn in seiner ganzen Pracht. Unsere Unabhängigkeit macht uns gelassen und die uns eigene Anpassungsfähigkeit schärft unser Bewusstsein. Wach und emsig sorgen wir für die Erhaltung des Lebens und für die Verwertung des Gereiften. Alles Reife nährt uns und die, die nach uns kommen. Wir erkennen Verwertbares und Nutzbringendes. Die Gabe des Sortierens erfreut und motiviert und lässt uns ein Teil des Großen Ganzen sein. So sind wir gute Teamarbeiter, unverzichtbare Zahnrädchen im Uhrwerk der Ewigkeit. Wir wissen, dass in jedem noch so kleinen Samen, der uns nährt alle Anlagen für ein Lebewesen in seiner vollen Größe enthalten sind. Unsere Stärke ist es, ohne öffentliche Zurschaustellung und Bewunderung oder gar Dank die kleinen Dinge des Alltags zu achten und das Nährende ausfindig zu machen.«

Schlüsselworte

Langsamer Verlust, nagende Gedanken, Kummer, Sorgen, Schaden anrichten

Die Karte links der *Mäuse* = Verlust; die Karte rechts der *Mäuse* = zu wenig Beachtung oder kann vernachlässigt werden

Zuordnungen	Assoziationen	Eigenschaften
Typ/Temperament: Emsig tätige	Alltag, Teamarbeit	aussortierend
Personen, die vorsichtig aus	Zweifel	ordnend
allem das Nützliche herausholen	Arbeit	nährend
Zeit/Dauer: Die Zeit wird knapp	Aufarbeitung	nagend
Richtung/Lage: nach links	Licht ins Dunkel bringen	zermürbend
(obere Maus!)	Vorrat	nützlich
Beruf: Teamarbeit, Gefahr	Gruppe	emsig
von Mobbing	Recycling/	machbar
Partnerschaft: zermürbende	Wiederverwertung	wertvoll
Zustände erfordern	Mehrwert	achtsam
professionelle Hilfe	Werterhalt	vorsichtig
Gesundheit: Entschlackung als	Nährendes	bewahrend
Heilmittel, Degeneration,	Nahrung	sammelnd
Vergiftung; Magen, Verdauung	Lust statt Verlust	
Astrologie: kardinale Jungfrau	Saat und Ernte	
Zahl: »23« ohne individuelle	Kleinigkeiten	
Angaben, 2 + 3 = 5 = die Zahl	Sauberkeit	
des Menschen		

1: Was bedeutet die Karte der *Mäuse* für Sie? Was ist Ihr stärkster Eindruck?

2: Wie haben Sie sich im Spiel als »Maus« gefühlt? Finden Sie in diesen Gefühlen eine Antwort auf Ihre Frage?

3: Welche Hinweise gibt Ihnen allein schon die Bildbeschreibung auf die Bedeutung der Karte? Können diese Ihre Frage beantworten?

4: Und welche Anhaltspunkte finden Sie bezüglich Ihrer Frage in der Botschaft?

5: Formulieren Sie die Antwort aus den Schlüsselworten, Assoziationen und/oder Eigenschaften.

6: Eine persönliche Frage: »Was bedeutet für Sie Verlust? Leben Sie Ihre Lust?«

Das Herz

Das Spiel
Betrachten Sie zuerst die Karte des Herzens. Was sticht Ihnen als Erstes ins Auge? Wie lebensprall sind Sie als Herz? Spüren Sie die Energie, die in Ihnen pulsiert! Wie ist Ihr Takt als Herz, sind Sie im Rhythmus? An was binden Sie sich als Herz? Wem schenken Sie sich? Was bringen Sie zum Blühen und Duften?

____

____

____

Bildbeschreibung
In der Bildmitte steht ein pralles, dreidimensional scheinendes Herz. Sein Rot spiegelt sich in der mittleren der drei Rosen wieder, die über ihm angeordnet sind. Links blüht eine gelbe, rechts eine weiße Rose. Die Stängel der beiden äußeren Rosen sind mit vielen grünen Blättern bewachsen, lang und voller Dornen. Der linke Stängel bildet einen Seitenstiel, der sich schneckenförmig einkringelt. Das Herz ist diagonal von einem Band umschlungen, das oben rechts in einer üppigen Schleife endet.

Botschaft
»Prall und voller Lebenskraft verschenke ich mich. Als Symbol für die Liebe bin ich das blühende Leben! Wer mich verschenkt, gewinnt vielfältige Herzen dazu. Wer mich verliert, bleibt ein ewig Suchender. Denn er kennt nur das eine Herz, das er im Finden verlor. Wer mich verschenkt, potenziert die Gabe und erhöht damit den Fluss – den Fluss der Liebe, der immer fließt, ob wir ihn anzapfen oder nicht. Je mehr wir die Liebe durch uns fließen lassen, desto stärker wird der Strom. Liebe bindet, Liebe verbindet, Liebe schafft Bindung. Und sie sticht, gleich dem dorntragenden Stiel der geliebten und begehrten Blüte. Meine Aufgabe als Herz sehe ich in meiner Eigenschaft als Turbine. Ich treibe und wälze das Nährende des Lebens um, erhalte die Lebendigkeit und erschaffe und erhalte mich damit neu. Gleich mir schöpft der Mensch als lebende Turbine das Lebenselixier Liebe, wälzt sie um und bringt sie in jeden Winkel des Universums. So wie die Rosen in der Höhe des Sommers erblühen, so bringe ich das Leben zur höchsten Entfaltung.«

Schlüsselworte
Herz, Liebe, Fülle, Blut, Freude, Verliebtheit, herzliche Zuneigung

Zuordnungen	Assoziationen	Eigenschaften
Typ/Temperament: liebevolle oder verliebte Person mit Ausstrahlung und Charisma *Zeit/Dauer:* keine zeitliche Aussage *Richtung/Lage:* nicht relevant *Beruf:* mit ganzem Herzen bei der Sache *Partnerschaft:* Glück in der Liebe, Herzensbindung *Gesundheit:* Herz, Kreislauf; Blutfülle, Heilung *Astrologie:* beweglicher Löwe *Zahl:* »24« Totalität, Vollkommenheit = 2 x 12, die Stunden des Tages	Rhythmus Verbindung Bindung Bindungsfähigkeit Herzenssache Energie Herzlichkeit Lebenskraft Geschenk Kreativität Herzlichkeit Entfaltung findet Anklang Gefühle Liebesfähigkeit	vital vitalisierend kompromisslos engagiert lebendig kraftvoll großzügig pulsierend energetisch einsatzfähig nährend geliebt versorgend verlässlich

1: Was bedeutet die Karte des *Herzens* für Sie? Was ist Ihr stärkster Eindruck?

2: Wie haben Sie sich im Spiel als »Herz« gefühlt? Finden Sie in diesen Gefühlen eine Antwort auf Ihre Frage?

3: Welche Hinweise gibt Ihnen allein schon die Bildbeschreibung auf die Bedeutung der Karte? Können diese Ihre Frage beantworten?

4: Und welche Anhaltspunkte finden Sie bezüglich Ihrer Frage in der Botschaft?

5: Formulieren Sie die Antwort aus den Schlüsselworten, Assoziationen und/oder Eigenschaften.

6: Eine persönliche Frage: »Bei was sind Sie mit ganzem Herzen dabei? Sind Sie verbunden?«

Der Ring

Das Spiel

Betrachten Sie zuerst die Karte des Rings. Nehmen Sie seine Form ein, lassen Sie sich schmücken. Tragen Sie Ihr Gold mit Würde und bieten Sie Ihren besten Platz dem roten Rubin. Werden Sie breit und prall. Wölben Sie sich dem Leben entgegen. Spüren Sie Ihre Einheit mit dem, was ist?

Bildbeschreibung

Ein roter Edelstein ziert mittig den unten schmal gehaltenen und nach den Seiten und nach oben hin breiter werdenden goldenen Fingerring. Mit zunehmender Breite mehren sich auch die Verzierungen aus Gold. Diese bilden an ihrem jeweiligen Ende eine runde Fassung für den geschliffenen Stein. Der Ring liegt auf einer rosafarbenen und rosengeschmückten, an beiden Enden geschwungenen Banderole auf hellblauem Grund.

Botschaft

»Durch das Werk der Jahrhunderte und dank künstlerischem Können zur Vollendung gebracht, erstrahle ich im vollen Glanz meiner Schönheit. Ich binde und verbinde. Für mich ist Bindung ein Schöpfungsakt. Zwei Einzelwesen beziehen sich aufeinander und erschaffen ein Drittes, eine Beziehung. Diese kröne ich in ihrer Einmaligkeit mit Gold und Edelstein. Nur zuvor Getrenntes kann sich verbinden und die Trennung vom göttlichen Urgrund als Teil der Menschwerdung nährt den Wunsch nach Einheit und Rückbindung. Ich bin aus dem höchsten Gut der Erde gefertigt und mein Edelstein, geboren durch den Druck der Jahrmillionen, kam durch den Schliff des Meisters zu seinem strahlenden Glanz. Ein Kreis schließt sich. Der Wert meines Seins erschafft ein Ganzes, ein vollendet Einzigartiges.«

Schlüsselworte
Offizielle Verbindung, Ehe, Vertrag, Verein, Partnerschaft, Beziehung, Vereinbarungen

Fühlt sich an einen Menschen oder an eine Sache gebunden

Zuordnungen	Assoziationen	Eigenschaften
Typ/Temperament: Partner, Ehepartner, Geschäftspartner	Wiederholung, etwas läuft im Kreis	wiederkehrend
Zeit/Dauer: für immer	Kostbarkeit	gebunden
Richtung/Lage: nicht relevant	Schatz, Werte	schön, wertvoll
Beruf: sicheres Arbeitsverhältnis, gleichförmige Arbeit	Beachtung, Qualität	edel, offiziell
Partnerschaft: starke Bindung	Versprechen, Integration	hochkarätig
Gesundheit: chronische, wiederkehrende Symptome; Blutkreislauf	Wertschätzung	verbindlich
Astrologie: feste Waage	Schönheit, Glanz	einmalig
Zahl: »25« 5 x 5 = fünf mal die Zahl des Menschen	Bindung	meisterlich
	Verbindung	begehrenswert
	Rückbindung	kreisend
	Beziehung	wichtig
	Kreisverkehr	bewahrend

1: Was bedeutet die Karte des *Rings* für Sie? Was ist Ihr stärkster Eindruck?

2: Wie haben Sie sich im Spiel als »Ring« gefühlt? Finden Sie in diesen Gefühlen eine Antwort auf Ihre Frage?

3: Welche Hinweise gibt Ihnen allein schon die Bildbeschreibung auf die Bedeutung der Karte? Können diese Ihre Frage beantworten?

4: Und welche Anhaltspunkte finden Sie bezüglich Ihrer Frage in der Botschaft?

5: Formulieren Sie die Antwort aus den Schlüsselworten, Assoziationen und/oder Eigenschaften.

6: Eine persönliche Frage: »Wie leben Sie Bindung, Verbindung und Rückbindung?«

Das Buch

Das Spiel

Betrachten Sie zuerst die Karte des Buches und stellen Sie sich vor, Sie seien dieses Buch. Klappen Sie sich zusammen. Decken Sie sich mit dem schweren Ledereinband zu. Verschließen Sie sich. Liegen Sie einfach nur da. Bereit. Verschlossen. Wie geht es Ihnen? Was fühlen Sie? Was verschließen Sie? Was hüten Sie in Ihrem Inneren?

Bildbeschreibung

Auf einem grünen Damasttischtuch liegt ein geschlossenes Buch mit Ledereinband. Der Buchrücken zeigt nach rechts, die Ecken des Buches sind mit silberfarbenen Metallkanten verstärkt. Zwei silberne Spangen verschließen es. Drei Lesezeichen in rot, blau und gelb schauen heraus. Die Prägung auf dem Einband des Buches bildet in der Mitte ein erhöhtes weißes Kreuz, das einem weiß eingefassten, weinroten Kreis eingeschrieben ist. In seiner Mitte prangt eine goldene Perle. Das Ganze ist wiederum mit einer weißen Umrandung in ein Quadrat gefasst. Die oberen und unteren Kanten dieses Quadrates laufen in herzförmigen Spitzen leicht schnörkelig aus.

Botschaft

»Ich biete mich an. Ich bin voll und leer zugleich. Ich bin vielfältig und vielschichtig, ich bin glatt und nichtssagend, ich ruhe und warte. Meine Geduld ist groß, ich bin in Erwartung und biete an: Unterhaltung und Wissen, Interessantes und Wichtiges, Lachen und Weinen, Lernen und Lust, Weltumspannendes und Alltägliches. Mit Worten und Buchstaben lasse ich mich füllen, auch mit Lesezeichen und Eselsohren, mit Merkzetteln und Randnotizen. Meist bin ich geschlossen. Manche meinen, ich sei verschlossen und vermuten, ich würde ein Geheimnis hüten. Ich hüte alles, was mir gegeben wird. Wer mir begegnet, dem öffne ich mich. Als offenes Buch liege ich vor jenen, die neugierig und ›hungrig‹ sind. Ich schließe und verschließe, ich öffne und eröffne, ich rede und schweige. In mir ist alles Wissen und doch weiß ich nichts. Mein Äußeres ist fest, im Innern bin ich zart. Ich bin viele und doch nur eins.«

Schlüsselworte

Wissen, Studium, Geheimnis, Buch, Schweigen; im Verborgenen, noch geheim. Wir sollen nicht alles wissen. Manches will ruhen.

Der Buchrücken im Rücken einer Person = schweres Lernen

Zuordnungen	Assoziationen	Eigenschaften
Typ/Temperament: eine gebildete,	Entfaltung	verschlossen
belesene Person	Bildung	vielseitig, einseitig
Zeit/Dauer: ungewiss	Wissen, Weisheit	belesen, tiefgehend
Richtung/Lage: nach links offen,	Konzentration	kostbar, verborgen
nach rechts verschlossen	Geduld	verschwiegen
Beruf: geistiger Beruf,	Studium	gebildet
Weiterbildung	Schweigen	lernen
Partnerschaft: Übereinstimmung	Begegnung	nicht alles
ohne viele Worte, geheime Liebe	Sammlung	wissend
Gesundheit: unbekannte	Erweiterung	leer, voll
Ursache einer Krankheit	Bewahrung	interessant
Astrologie: beweglicher Steinbock	Unterhaltung	wichtig
Zahl: »26« JAHWE hat den	Worte	vielfältig
Zahlenwert 26	Öffnung	nichtssagend

1: Was bedeutet die Karte des *Buches* für Sie? Was ist Ihr stärkster Eindruck?

2: Wie haben Sie sich im Spiel als »Buch« gefühlt? Finden Sie in diesen Gefühlen eine Antwort auf Ihre Frage?

3: Welche Hinweise gibt Ihnen allein schon die Bildbeschreibung auf die Bedeutung der Karte? Können diese Ihre Frage beantworten?

4: Und welche Anhaltspunkte finden Sie bezüglich Ihrer Frage in der Botschaft?

5: Formulieren Sie die Antwort aus den Schlüsselworten, Assoziationen und/oder Eigenschaften.

6: Eine persönliche Frage: »Welches Lebenskapitel will sich schließen? Welches öffnen?«

Der Brief

Das Spiel
Betrachten Sie zuerst die Karte des Briefes. Machen Sie sich so flach, falten Sie sich zusammen, verschließen Sie sich. Welches Geheimnis tragen Sie in sich, welche Botschaft? Was bringen Sie? Wem? Wie fühlt es sich an, Vermittler zu sein, Verbindung zu schaffen und ganz neutral zu Diensten zu sein?

____

____

____

Bildbeschreibung
Ein rosaroter, mit rotem Siegellack verschlossener Brief liegt auf einem weißen Spitzendeckchen auf einer flaschengrün mit Gold verzierten Barocktischplatte. Hinter dem Brief blühen in einer roten Vase sechs weiße Margeriten.

Botschaft
»Gleich einem geflügelten Wesen bringe ich Worte und Gedanken zu den Menschen. Sie stellen Fragen und finden Antworten und beides vertrauen sie mir an, damit ich die Überbringerin ihres Wissens und ihres Denkens bin. Ich trage die Worte in mir, ohne dass ich sie kenne. Ich hülle sie ein und doch sind sie mir fremd. Ich achte sehr auf sie, gehe behutsam mit ihnen um und behandle sie als meinen kostbarsten Schatz. Worte scheinen für Menschen sehr wichtig zu sein. Manchmal lachen sie, wenn sie meine überbrachten Worte lesen, andere weinen oder zürnen gar. Ich bringe Freude und Mut, ich bringe Interessantes und Neuigkeiten, ich bringe Liebevolles und Hübsches, ich bringe Ärger und Drohungen. Und in all dieser Fülle bin ich immer die Gleiche, dieselbe, die Umhüllende. Worte scheinen kostbar zu sein, ich bin für alle Wesen, die sich der Worte bedienen, wichtig. So bringe ich nicht nur diese von Mensch zu Mensch, sondern die Worte in mir schaffen Verbindungen weltweit – gleich einem weltumspannenden Netz.«

Schlüsselworte
Hoffnung, Neuigkeit, Erwartung, Verschlossenheit, Nachricht, Brief, Dokument

Zuordnungen	Assoziationen	Eigenschaften
Typ/Temperament: neutraler Übermittler, »flache« Persönlichkeit *Zeit/Dauer:* kurzfristig, unmittelbar bevorstehend *Richtung/Lage:* nicht relevant bzw. bringt etwas in Leserichtung *Beruf:* kurzfristige Beschäftigung *Partnerschaft:* momentan eher oberflächliche Verbindung, Flirt, Affäre *Gesundheit:* ärztlichen Rat einholen, um Diagnose bemühen; Hände *Astrologie:* kardinale Zwillinge *Zahl:* »27« 3 x 3 x 3 = heilige Zahl der dreifaltigen Mondgöttin	Enthüllung Unklarheit Verbindung mit der Welt Kommunikation Geheimnis Geistiges Übermittlung Antwort, Frage Worte Sprache Achtsamkeit Kontakte klare Definition Austausch Überbringer Konzentration auf Wesentliches	unkonzentriert wartend verbindend vermitteln oberflächlich nichtssagend flach neutral verschlossen verborgen unwichtig versteckt großzügig redefreudig vorübergehend informiert

1: Was bedeutet die Karte des *Briefes* für Sie? Was ist Ihr stärkster Eindruck?

2: Wie haben Sie sich im Spiel als »Brief« gefühlt? Finden Sie in diesen Gefühlen eine Antwort auf Ihre Frage?

3: Welche Hinweise gibt Ihnen allein schon die Bildbeschreibung auf die Bedeutung der Karte? Können diese Ihre Frage beantworten?

4: Und welche Anhaltspunkte finden Sie bezüglich Ihrer Frage in der Botschaft?

5: Formulieren Sie die Antwort aus den Schlüsselworten, Assoziationen und/oder Eigenschaften.

6: Eine persönliche Frage: »Welchen Raum geben Sie dem Austausch? Was erwarten Sie?«

Der Herr

Das Spiel

Betrachten Sie zuerst die Karte des Herrn. Stellen Sie sich vor, dieser Mensch zu sein. Schlüpfen Sie ganz in seine Rolle, füllen Sie diese aus. Was haben Sie vor? Welchen Status haben Sie? Was haben Sie sich für dieses Leben vorgenommen? Wie fühlen Sie sich? Wohin führt Sie Ihr Weg? Was tun Sie als Nächstes? Was ist Ihnen wichtig?

____

____

____

Bildbeschreibung

Inmitten einer dicht mit Büschen und Bäumen bewachsenen Parklandschaft steht ein festlich im Stil des ausgehenden 18. Jahrhunderts gekleideter Herr mitten auf einem Weg. Er wendet sich nach rechts. Sein grauer Anzug mit Kniehosen und langem Jackett ist mit vielen Knöpfen zu schließen, die Rüschen an Ärmeln und Kragen seiner weißen Hemdbluse sind zu sehen. Mit der linken Hand hält er seinen schwarzen Hut, rechts führt er einen dünnen feinen Spazierstock mit sich. Sie haben den selben rotbraunen Farbton wie seine Schuhe. Mit der Sonne im Rücken fällt sein Schatten vor ihn auf den Weg, der mit zwei Grünpflanzen und einer Balustrade gesäumt ist.

Botschaft

»Ich bin in Erwartung. In meiner schönsten Ausstattung trete ich in die Welt und bin ihr ein aufrechtes Gegenüber. Ich begrüße den Tag mit allem, was er mir bringen wird. Ich bin offen und wach, gerüstet für die Begegnung mit dem Leben. Ich bin ganz bei mir. Mit Freude pflege ich mich und meine äußere Erscheinung spiegelt meine wohlwollende Seele. Ich umgebe mich gern mit Schönem und erfreue mich an der gleichwohl wilden wie gepflegten Schönheit der Natur. Meine Werte und Überzeugungen prägen meine Gangart und mein Auftreten in der Öffentlichkeit. Ich liebe es, gesehen und geachtet zu werden und Traditionen mitzugestalten. Ich vertrete meinen Standpunkt frei und bin interessiert an dem, was mein Gegenüber weiß und denkt. Die Sonne im Rücken stärkt meine Aufrichtekraft und meine Authentizität.«

Schlüsselworte

Herr der Gesellschaft, erwachsener Mann, Geliebter, Partner, Männlichkeit, Animus

Bei Beziehungsfragen: Wo liegt das *Herz* (Liebe), wo liegen die *Lilien* (Sexualität), wo die *Eulen* (Kommunikation)?

Zuordnungen	Assoziationen	Eigenschaften
Typ/Temperament: Fragesteller, Gatte, anerkannter Mann, Partner	Begeisterung	interessiert
Zeit/Dauer: keine zeitliche Aussage	Tatkraft	geachtet
Richtung/Lage: rechts liegt die Zukunft, links die Vergangenheit	Impuls	männlich
Beruf: Repräsentant, Vertreter	Erwartung	aufrecht geformt
Partnerschaft: beziehungsfähig, öffentlich anerkannte Beziehung	Sonnenschein	aktiv
Gesundheit: Gesundheitspflege ist wichtig	Zugehörigkeit	anpackend
Astrologie: kardinaler Wassermann	Tradition	beginnend
Zahl: »28« Zyklus- und Vollendungszahl; Symbol des langen Weges, der zum Ursprung zurück führt	Werte	sichtbar
	Gleichwertigkeit	kraftvoll
	Bereitschaft	verbindlich
	Selbstbewusstsein	verbunden
	Autorität	bereit zu handeln
	Selbstwert	souverän, offen
		bewusst
		verantwortungsbewusst

1: Was bedeutet die Karte des *Herrn* für Sie? Was ist Ihr stärkster Eindruck?

2: Wie haben Sie sich im Spiel als »Herr« gefühlt? Finden Sie in diesen Gefühlen eine Antwort auf Ihre Frage?

3: Welche Hinweise gibt Ihnen allein schon die Bildbeschreibung auf die Bedeutung der Karte? Können diese Ihre Frage beantworten?

4: Und welche Anhaltspunkte finden Sie bezüglich Ihrer Frage in der Botschaft?

5: Formulieren Sie die Antwort aus den Schlüsselworten, Assoziationen und/oder Eigenschaften.

6: Eine persönliche Frage: »Wo setzen Sie Impulse, wofür setzen Sie sich ein?«

Die Dame

Das Spiel

Betrachten Sie zuerst die Karte der Dame. Schlüpfen Sie ganz in diese Person. Was nehmen Sie in den Blick? Was erwarten Sie? Wie fühlen Sie sich, so festlich gekleidet an diesem sonnigen Tag? Worauf gehen Sie zu? Wie gestaltet sich Ihr Alltag? Welche Gaben haben Sie? Was wollen Sie in Ihrem Leben verwirklichen? Wie heißt Ihr Ziel?

____

____

____

Bildbeschreibung

Eine Frau in der festlichen Kleidung des ausgehenden 18. Jahrhunderts geht einen Weg in einem gepflegten Park entlang. Sie geht nach links, die Bewegung wird durch das wehende Band um ihre Taille unterstrichen. Ihr Gewand hat dieselbe Farbe wie ihr Hut: hellblau und weiß. Sie trägt einen Strauß rot-weißer Rosen in ihren Händen. Der Weg ist von einer Wiese und einer steinernen Balustrade gesäumt, die aus lauter schlanken Kelchen zu bestehen scheint, welche unten und oben in eine Steinreihe eingestellt sind. Auf der Wiese im Hintergrund wachsen zwei Bäume mit roten Früchten, an die sich ein dichter Baumbestand anschließt. An dessen Rand steht ein altertümliches Gebäude mit einem Turm. Die Sonne scheint, die Dame wirft nach hinten einen Schatten auf den Weg.

Botschaft

»Ich wende mich der Sonne zu. Sie wärmt und durchstrahlt mich. Mit ihrem Licht weckt sie in mir alle lebendigen Quellen, meine Lust und meine Liebe zum Dasein. Meine schönsten Seiten kommen zum Vorschein. Gleich den Rosen in meiner Hand erblühe ich ins volle Leben. Ich bin in der Blüte meiner Weiblichkeit und genieße diese voll und ganz. Vergangenheit und Zukunft vereinen sich im Heute, ich habe Heimat und Raum. Die Natur unterstützt mich in meinem Reifen und Sein mit ihrer immer wiederkehrenden Fülle. Ich lebe ein erfülltes Leben auf Wegen, die meine Ahninnen schon vor mir gingen und mir ebneten. Sie waren fähig, ganz sie selbst zu sein, sich ganz zu geben und sich zu binden – sich zu verbinden. In dieser ererbten Kraft stehe ich, bereit, ganz ich selbst zu sein.«

Schlüsselworte

Geliebte, Frau, Partnerin, Weiblichkeit, Liebe, Schönheit, Tugend, Muse, Anima

Bei Beziehungsfragen: Wo liegt das *Herz* (Liebe), wo liegen die *Lilien* (Sexualität), wo die *Eulen* (Kommunikation)?

Zuordnungen	Assoziationen	Eigenschaften
Typ/Temperament: Fragestellerin, Gattin, in der Gesellschaft anerkannte Frau, Partnerin, weibliche Respektsperson *Zeit/Dauer:* keine zeitliche Aussage *Richtung/Lage:* links liegt die Zukunft, rechts die Vergangenheit *Beruf:* Leiterin, Unternehmerin *Partnerschaft:* beziehungsfähig, öffentlich anerkannte Beziehung *Gesundheit:* Körperpflege ist wichtig *Astrologie:* kardinale Waage *Zahl:* »29« ohne individuelle Angaben, 2 + 9 = 11 = Unvollkommenheit	Wärme Selbstwert Beziehungsfreude Offenheit Erwartung Sonnenschein Achtung Tradition Werte Kraft Zugehörigkeit Bereitschaft Selbstbewusstsein Zugehörigkeit Verbundenheit	verwurzelt geachtet anmutig bewusst aufrecht geschmückt weiblich sichtbar verbindlich bindungsfähig bereit vertraut zugewandt kraftvoll

1: Was bedeutet die Karte der *Dame* für Sie? Was ist Ihr stärkster Eindruck?

2: Wie haben Sie sich im Spiel als »Dame« gefühlt? Finden Sie in diesen Gefühlen eine Antwort auf Ihre Frage?

3: Welche Hinweise gibt Ihnen allein schon die Bildbeschreibung auf die Bedeutung der Karte? Können diese Ihre Frage beantworten?

4: Und welche Anhaltspunkte finden Sie bezüglich Ihrer Frage in der Botschaft?

5: Formulieren Sie die Antwort aus den Schlüsselworten, Assoziationen und/oder Eigenschaften.

6: Eine persönliche Frage: »Wie drücken Sie Ihre empfangenden Persönlichkeitsanteile aus?«

Die Lilien

Das Spiel
Betrachten Sie zuerst die Karte der Lilien. Füllen Sie den Stiel, werden Sie zur Blüte, blühen Sie auf! Wie erleben Sie Ihren betörenden Duft? Welche Kraft drängt Sie so stark zur Entfaltung? Für wen geben Sie Ihr Höchstes? Was treibt Sie zur vollen Schönheit und Größe?

____

____

____

Bildbeschreibung
Eine vielblütige weiße Lilie am verzweigten Stiel wird von neun gelben Sternen eingerahmt. Die kräftig grünen Stängel tragen sechs pralle Knospen und weitere sechs bereits geöffnete Blüten mit leuchtend roten Staubgefäßen. Der Hintergrund ist blauschattiert auf hellgrauem Grund.

Botschaft:
»Für die Menschen sind wir Lilien ein Sinnbild für Entfaltung. Unser Wachstum richtet sich ganz auf strahlende Weite und Öffnung aus. Unsere Zwiebeln nähren Stiel, Blätter und Blüten und unsere Wurzeln gründen tief. In dieser Kraft richten wir uns auf und zeigen alles, was uns ausmacht, und je mehr wir uns öffnen, desto einladender sind wir für unsere Umgebung. Unser Duft lockt und betört und füllt Raum und Zeit. Wir ziehen die Aufmerksamkeit auf uns, wir stehen im Mittelpunkt und weisen doch auf den Übergang hin. Auf dem Höhepunkt des Seins sind wir dem Ende sehr nahe. Dank der Welt, die uns besucht, bilden wir Samen aus, die bleiben. Alles andere geht, unsere Reinheit, unsere Schönheit – um im Rhythmus von Öffnung und Einkehr die Kräfte neu zu sammeln. Nach dem Tod wachsen wir erneut ins Leben, zur wiederkehrenden Spiegelung der Sterne des Himmels über uns.«

Schlüsselworte
Familie, Harmonie, Sexualität, Friede

Die *Lilien* hinter Dame/Herr deuten auf Feigheit hin

Zuordnungen	Assoziationen	Eigenschaften
Typ/Temperament: unsichtbarer Mäzen, wohlwollende, faszinierende Person im Hintergrund *Zeit/Dauer:* keine zeitliche Aussage *Richtung/Lage:* nicht relevant *Beruf:* verwirklichte Träume, Familienbetrieb, Hobbys *Partnerschaft:* hohe Ideale (Minne), idealisierte Beziehung, sexuelle Erfüllung *Gesundheit:* Ursache einer Krankheit ist unklar; Geschlechtsorgane *Astrologie:* beweglicher Skorpion *Zahl:* »30« ohne individuelle Angaben, 3 + 0 = 3 = göttliche Zahl	verborgene Schönheit geheime Wünsche Unklarheit ins Leben wachsen Religion Mystik Öffnung Einkehr Familiensinn Höhepunkt Reinheit Hintergrund System Ruhe, Tiefe Unschuld Aufrichtekraft Intensität	träumend leidenschaftlich raumfüllend geheimnisvoll harmonieliebend friedfertig kosmisch künstlerisch strahlend duftend familiär verströmend, intensiv kraftvoll feige vergänglich kühl und rein

1: Was bedeutet die Karte der *Lilien* für Sie? Was ist Ihr stärkster Eindruck?

2: Wie haben Sie sich im Spiel als »Lilien« gefühlt? Finden Sie in diesen Gefühlen eine Antwort auf Ihre Frage?

3: Welche Hinweise gibt Ihnen allein schon die Bildbeschreibung auf die Bedeutung der Karte? Können diese Ihre Frage beantworten?

4: Und welche Anhaltspunkte finden Sie bezüglich Ihrer Frage in der Botschaft?

5: Formulieren Sie die Antwort aus den Schlüsselworten, Assoziationen und/oder Eigenschaften.

6: Eine persönliche Frage: »Für welchen Aspekt Ihres Lebens verströmen Sie sich ganz?«

Die Sonne

Das Spiel
Betrachten Sie als Erstes die Karte der Sonne. Stellen Sie sich vor, Sie seien sie persönlich. Schlüpfen Sie ganz in diesen Feuerball hinein, gehen Sie strahlend auf und rot glühend unter. Bringen Sie Hitze und Trockenheit, Licht und Wachstum, vitalisieren und lähmen Sie. Schenken Sie sich! Was bedeutet Ihnen am meisten in der Rolle als Sonne?

____

____

____

Bildbeschreibung
Weit leuchtend steht alles überstrahlend die Sonne. Von ihrem gelben Rund gehen orangefarbene Strahlen aus. Die Landschaft unter ihr, weit und leicht geneigt, verliert sich im flachen Horizont. Der ganze Hintergrund ist in ein zartes Orange getaucht.

Botschaft
»Es ist eine große Freude, Sonne, und damit das große Licht der Erde, die Quelle allen Lebens, zu sein. Ich strahle und erhelle, ich wärme und beleuchte. Ich bin immer da, auch wenn ich nicht gesehen werde. Ich scheine ohne Unterschiede, auf alles und für alles. Ich nähre und baue auf, ich erhalte und verbrenne. Die Lebewesen der Erde verbinden sich mit meiner Energie und beziehen daraus ihre Lebendigkeit. Dank der Bewegungen von Mutter Erde bringe ich beides: Tag und Nacht, Sommer und Winter, Frost und Hitze. Meine zuverlässige Art begleitet Säen und Ernten, Ausgelassensein und Einkehr. Mein Licht wirft Schatten und je heller ich strahle, desto deutlicher wird dieser. Denn mich gibt es nur ganz, als wärmendes Licht und als kühlenden Schatten, als Helles und als Dunkles. Ich bringe Entscheidungskraft und Mut zum Handeln und erfreue mit meinem vollen Ja zum Sein. So ermögliche ich jedem Wesen das Leben, sein Wachstum und seine reifende Entfaltung.«

Schlüsselworte
Lebenskraft, Erfolg, Bewusstsein, Klarheit, Wachstum, Entfaltung, Bejahung, Vitalität, Energie, Licht, Erfolg auf der ganzen Linie

Spirituelle Karte/ mit *Sterne* + *Mond* = starke Medialität

Zuordnungen	Assoziationen	Eigenschaften
Typ/Temperament: strahlende	Öffnung, Bejahung	wiederkehrend
charismatische Person	Persönlichkeit, Glück	allgegenwärtig
Zeit/Dauer: Sommer	Ich-Kraft, Frohsinn	nährend
Richtung/Lage: nicht relevant	Begeisterung	strahlend
Beruf: Hilfe durch andere, Erfolg	Persönlichkeit	vital anregend
Partnerschaft: sonnige Zeiten	Ausstrahlung, Übersicht	optimistisch
Gesundheit: gute Heilungschan-	Lebensquell	selbstbewusst
cen, vor allem durch Licht und	Kreativität	schöpferisch
Natur; Augen, Augenlicht	Großzügigkeit	bedingungslos
Astrologie: kardinaler Löwe	Horizonterweiterung	fröhlich
Zahl: »31« ohne individuelle	innere, geistige Größe	gelingend
Angaben, 3 + 1 = 4 = irdische	Regeneration	erfreulich
Wirklichkeit	Traumverwirklichung	fröhlich

1: Was bedeutet die Karte der *Sonne* für Sie? Was ist Ihr stärkster Eindruck?

2: Wie haben Sie sich im Spiel als »Sonne« gefühlt? Finden Sie in diesen Gefühlen eine Antwort auf Ihre Frage?

3: Welche Hinweise gibt Ihnen allein schon die Bildbeschreibung auf die Bedeutung der Karte? Können diese Ihre Frage beantworten?

4: Und welche Anhaltspunkte finden Sie bezüglich Ihrer Frage in der Botschaft?

5: Formulieren Sie die Antwort aus den Schlüsselworten, Assoziationen und/oder Eigenschaften.

6: Eine persönliche Frage: »Welches Selbstverständnis haben Sie? Was schenken Sie der Welt?«

Der Mond

Das Spiel
Betrachten Sie zuerst die Karte des Mondes. Hängen Sie sich wie er als abnehmende Sichel in den Himmel. Genießen Sie Ihren Überblick? Wiegen Sie sich? Was reflektieren Sie? Wie verbunden fühlen Sie sich? Womit? Wie fühlt sich Ihr Sein an? Mit was schwingen Sie mit? Welche Energien spüren Sie? Was in Ihnen nimmt ab? Was wird gerade weniger?

Bildbeschreibung
Eine Landschaft liegt im Dunkeln, über ihr zeigen sich leichte Schleierwolken und viele Sterne sowie ein abnehmender Sichelmond. Sterne und Mond bescheinen zwei baumbewachsene Hügel und die Weite, von der sie umgeben sind. Auf jedem der Hügel steht eine Burg, die vordere ist deutlicher zu erkennen.

Botschaft
»Es ist einfach köstlich, der Spiegel des Tages zu sein. Die Sonne kommt, die Sonne geht und ihr Ende ist mein Beginn. Ihr Licht spiegelt sich in mir und ich als Hoffnungsträgerin der Nacht eile ihr wechselnd voraus oder entgegen. Ich liebe die Dunkelheit. Sie erst macht meinen Spiegel sichtbar, das Dunkel gebiert mein Licht. Ich bin immer dieselbe und doch nie gleich. Mein Sein bewegt die Erde, die Meere, die Menschen, die Pflanzen, die Gefühle und die Träume. Mein Wechsel ist meine einzige Beständigkeit. Ich bin nah und fern, hell und dunkel, romantisch und kalt. Ich bin offen für alles, ich lade ein und nehme auf, ich bewahre das Sicht- und auch das Unsichtbare, das Ab- und das Zunehmende.«

Schlüsselworte:
Gefühle, Wünsche, Innenleben, Sensibilität, Psyche, Erfolg, Anerkennung, unser inneres Licht

Spirituelle Karte/ mit *Sonne* + *Sterne* = starke Medialität; Seelenkarte

Zuordnungen	Assoziationen	Eigenschaften
Typ/Temperament: zurückhaltende Person mit wechselnden Stimmungen *Zeit/Dauer:* abends, nachts, zyklisch, wiederkehrend *Richtung/Lage:* nach rechts *Beruf:* betreuender Beruf, der eine Herzenssache ist *Partnerschaft:* mütterliche, beschützende, gefühlvolle Beziehung *Gesundheit:* Gefühle sind für Krankheit und Heilung wichtig; Psyche *Astrologie:* beweglicher Krebs *Zahl:* »32« vollkommene Zahl der jüdischen Kabbala	Rhythmen, Rhythmus Spiegelung Bedürfnis Zyklus, Zukunft empfindsam Zugehörigkeit Hoffnung, Nähe Rückzug Wechsel Zuwachs Abnahme Licht Dunkelheit Träume Veränderung Bewegung Bewahrung	sensibel, nachdenklich, reaktiv empfangend weiblich gefühlsbetont unbewusst täuschend einladend geborgen, sensitiv abnehmend hingebungsvoll mütterlich nährend, romantisch, unecht beschützend bewahrend nervös

1: Was bedeutet die Karte des *Mondes* für Sie? Was ist Ihr stärkster Eindruck?

2: Wie haben Sie sich im Spiel als »Mond« gefühlt? Finden Sie in diesen Gefühlen eine Antwort auf Ihre Frage?

3: Welche Hinweise gibt Ihnen allein schon die Bildbeschreibung auf die Bedeutung der Karte? Können diese Ihre Frage beantworten?

4: Und welche Anhaltspunkte finden Sie bezüglich Ihrer Frage in der Botschaft?

5: Formulieren Sie die Antwort aus den Schlüsselworten, Assoziationen und/oder Eigenschaften.

6: Eine persönliche Frage: »Wem dienen Sie als Spiegel? Was reflektieren Sie?«

Der Schlüssel

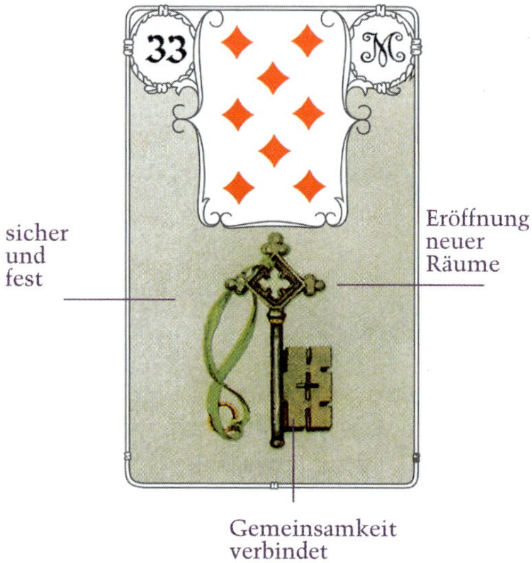

Das Spiel
Betrachten Sie zuerst die Karte des Schlüssels. Drängen Sie sich in die vorgegebene Form. Können Sie seine Gestalt ausfüllen und beleben? Wie gelingt es Ihnen? In welchen Teilen sind Sie besonders präsent? Was geht in Ihnen vor? Welche Verbindung haben Sie zu Ihrem Band?

Bildbeschreibung
Ein altertümlich anmutender Schlüssel aus Metall trägt ein graugrünes Band mit einem angebundenen Goldring. Das Band schlingt sich in der Form einer Acht vom Schlüsselgriff links herab. Der Griff selber gleicht einer Raute, deren Mitte als Hohlraum gebildet die Form eines Kreuzes verkörpert. Die untere Spitze derselben wird kugelig und geht, mit einem goldenen schmalen Reif versehen, über in den Metallstift, der den Schlüsselbart trägt. Unten schließt dieser Stift ebenfalls kugelig ab. Die anderen drei Spitzen tragen eine Verzierung, die sich aus jeweils drei aneinander gefügten Kreisen ergibt. Der große rechteckige, nach rechts zeigende Metallbart zeichnet sich durch ein mittig ausgeschnittenes schmales Kreuz aus und trägt an der rechten Kante zwei schmale Einschnitte.

Botschaft
»Hart und unveränderbar erfülle ich meine Aufgabe. Ich bin stabil, fest und vor allen Dingen: ich bin einmalig! Meine Form erschließt mir die Welt und öffnet mir Räume. Ich verenge und erweitere, ich begrenze und bewahre. Sicherheit eilt mir voraus und Dinge unter Verschluss zu halten ist Teil meines Seins. Zur Erfüllung meiner Aufgabe brauche ich ein Gegenüber. Dieses ist mir auf den Leib geschnitten. Es passt vollkommen zu mir und ich zu ihm. Wir brauchen einander. Einer ohne den anderen vermag nichts. Wir ergänzen uns und in dieser Einheit sind wir fähig, unsere Gabe zum Einsatz zu bringen. Wenn wir nicht am selben Ort sind, bin ich verloren und mein Sein wäre nur schmückendes Beiwerk. So liegt in der Gemeinsamkeit meine Stärke und in meiner Verlässlichkeit liegen Ruhe und Ordnung.«

Schlüsselworte
Sicherheit, Stabilität, Eingangstor zu allem, Tod und Leben wird verbunden

Zuordnungen	Assoziationen	Eigenschaften
Typ/Temperament: ein zuverlässiger und entschlossener Mensch *Zeit/Dauer:* keine zeitliche Aussage *Richtung/Lage:* nach rechts *Beruf:* ergreife die Chance für neue Perspektiven, erschließe dir Neuland, sichere Stelle *Partnerschaft:* Beziehung gibt Sicherheit, beide passen zusammen wie Schlüssel und Schloss *Gesundheit:* in diesem Bereich liegt die entscheidende Ursache, der Schlüssel zum Ganzen *Astrologie:* fester Widder *Zahl:* »33« Vollendung Meisterzahl = Meisterung	der Schlüssel zu etwas Gegenüber Stärke Verschluss Öffnung Stabilität Gemeinsamkeit Zuverlässigkeit Neubeginn ganz sichere Sache Sicherheitsbedürfnis Erschließung Willenskraft	sicher stabil ergänzend verlässlich gemeinschafts-orientiert sicherheitsbewusst entschlossen verschlossen fest solide verlässlich ausdauernd wiederholend

1: Was bedeutet die Karte des *Schlüssels* für Sie? Was ist Ihr stärkster Eindruck?

2: Wie haben Sie sich im Spiel als »Schlüssel« gefühlt? Finden Sie in diesen Gefühlen eine Antwort auf Ihre Frage?

3: Welche Hinweise gibt Ihnen allein schon die Bildbeschreibung auf die Bedeutung der Karte? Können diese Ihre Frage beantworten?

4: Und welche Anhaltspunkte finden Sie bezüglich Ihrer Frage in der Botschaft?

5: Formulieren Sie die Antwort aus den Schlüsselworten, Assoziationen und/oder Eigenschaften.

6: Eine persönliche Frage: »Welcher Bereich in Ihrem Leben wartet auf Erschließung?«

Die Fische

Das Spiel

Betrachten Sie zuerst die Karte der Fische. In welche Fischhaut schlüpfen Sie? Fühlen Sie sich frei? Getragen? Wohin des Wegs? Wie verbunden sind Sie mit dem Ozean, den Wesen um sie herum? Was leitet Sie? Welcher Strömung vertrauen Sie sich an? Was treibt Sie? Oder lassen Sie sich treiben?

____

____

____

Bildbeschreibung

Am Horizont ist weit hinten ein Segelschiff zu sehen, das auf dem Ozean unterwegs ist. Im Vordergrund schwimmen vier Fische, alle sind gleich gefärbt in Grün-, Rot und Beigetönen. Der größte Fisch blickt mit weit geöffnetem Maul nach links und steckt dabei seinen Kopf aus dem Wasser. Sein rot gefärbtes Schwanzende zeigt weit nach links und sein Körper windet sich in einem weitschwingenden Bogen. Die Flossen sind fein gefiedert, an den Kiemen leuchten rote Haare und unter seinem Fischmaul wächst ein Bart. Die drei weiteren Fische sind deutlich kleiner.

Botschaft

»Die Weite des Ozeans ist unsere Heimat und unser Lebensquell. Aus ihm kommen wir und ihn beleben wir mit unglaublicher Beweglichkeit und zahllosem Artenreichtum. Weite und Tiefe sind für uns eins. Wir leben im Raum der unbegrenzten Möglichkeiten und verschmelzen mit ihm. Wir vertrauen uns den Strömungen des Lebens an und deren Wellen schaukeln uns – mal stürmisch, mal sanft. Wir sind sehr anpassungsfähig und das ermöglicht uns dieses Spiel mit Wellental und Wellenberg. Widerstandslos und vertrauensvoll durchstreifen wir unseren Lebensraum, durchpflügen Dichtes und aalen uns im Lichten. Gern sind wir gemeinsam unterwegs. Wir sind gut aufeinander eingespielt und beschenken einander.«

Schlüsselworte

Reichtum, Überfluss, Finanzen, Meer, Wasser, Geld, Besitz, Handel und Wandel, materielle Werte, Sensitivität

Seelenkarte

Zuordnungen	Assoziationen	Eigenschaften
Typ/Temperament: reiche Menschen, die etwas in Fluss bringen, große Pläne und Organisationsgeschick haben *Zeit/Dauer:* keine zeitliche Aussage *Richtung/Lage:* nicht relevant *Beruf:* große Pläne, weitblickend, Organisationstalent, guter Verdienst *Partnerschaft:* auf die eigenen Gefühle vertrauend, inspirierende Beziehung *Gesundheit:* Vorsicht mit Alkohol! Heilung durch Wasser und Optimismus; Leber, Niere *Astrologie:* kardinale Fische *Zahl:* »34« ohne individuelle Angaben, 3 + 4 = 7 = heilige Zahl, Erfüllung	innerer Reichtum Seelengröße Einheit Vertrauen Philosophie Beweglichkeit Artenvielfalt Wünsche Gefühle Getragen sein Führung Möglichkeiten Vielseitigkeit Verbindung	großzügig lukrativ optimistisch frei ungezwungen einfühlsam inspirierend spirituell kreativ widerstandslos anpassungsfähig unbegrenzt teuer lebens-schöpferisch unerschöpflich kommerziell emotional seelisch

1: Was bedeutet die Karte der *Fische* für Sie? Was ist Ihr stärkster Eindruck?

2: Wie haben Sie sich im Spiel als »Fische« gefühlt? Finden Sie in diesen Gefühlen eine Antwort auf Ihre Frage?

3: Welche Hinweise gibt Ihnen allein schon die Bildbeschreibung auf die Bedeutung der Karte?

4: Und welche Anhaltspunkte finden Sie in der Botschaft?

5: Formulieren Sie die Antwort aus den Schlüsselworten, Assoziationen und/oder Eigenschaften.

6: Eine persönliche Frage: »Sind Sie emotional im Fluss? Wohin trägt Sie dieser Fluss heute?«

Der Anker

Das Spiel

Betrachten Sie als Erstes die Karte des Ankers. Versenken Sie sich in dieses Gewicht! Fühlen Sie die Schwere, die Unverrückbarkeit, den Halt, den er zu geben bereit ist. Was macht es mit Ihnen, dass Sie »an der Kette« liegen? Wie fühlt sich die Erde unter Ihnen an? Können Sie die Aufgabe empfinden, die Sie als Anker haben? Ihre Bedeutung? Die Verantwortung?

Bildbeschreibung

Auf dem breiten Sandstrand liegt ein großer, schwerer Anker aus graublauem Metall. Seine drei »Arme« laufen leicht gebogen spitz nach außen, um sich im letzten Drittel schaufelförmig zu verbreitern. Die Schaufel bildet dann die Spitze. Der schräg auf dem Sand ruhende Schaft des Ankers ist schlank und trägt, parallel zu einem dicken Ring, der den Abschluss bildet, eine rote Querstrebe mit zwei graublauen Streifen an den äußeren Enden. Elf eiserne Kettenglieder liegen auf dem Sand, das letzte davon ist mit dem Ankerring verbunden. Ein sich weitendes Meer und quellende Wolken am sonst ruhigen Himmel bilden den Horizont. Im Wasser vor dem Strand ruht ein Segelboot, von der Takelung sind die Masten und Taue zu sehen.

Botschaft

»Den Halt, den mir die Erde bietet, gebe ich weiter. Ich gründe tief, und die dabei gewonnene Verankerung verleiht mir Ruhe und Gelassenheit. Das emsige Treiben des Lebens beruhigt sich an meiner Seite, ich biete Rast und Entspannung. Ich beziehe Position und daher bin ich für andere klar erkennbar. Wer mein Können und meine Kraft nutzt, erfährt Sicherheit und Stabilität. Das Lebensschiff, das dank meiner Hilfe fest in der eigenen Tiefe gegründet ist, wird jeden Sturm überstehen. Denn dann schenken die Wellengänge des Seins der Seele Beweglichkeit und die tief gehenden und erhebenden Erfahrungen der Lebensreise werden zur schmückenden Krönung der eigenen Mitte.«

Schlüsselworte
Beruf, Sicherheit, Abhängigkeit, Zuverlässigkeit, Festigkeit, Stabilität, Studium, Schule, Halt, Verkettung, Verstrickung

Zuordnungen	Assoziationen	Eigenschaften
Typ/Temperament: beruflich erfolgreicher Mensch, traditionell, mit fixen Vorstellungen *Zeit/Dauer:* längerfristig *Richtung/Lage:* nach rechts *Beruf:* feste Anstellung, bedeutende Phase *Partnerschaft:* dauerhafte Beziehung *Gesundheit:* stabil, chronisch; Hüfte, Becken, Steißbein *Astrologie:* fester Stier *Zahl:* »35« ohne individuelle Angaben, 3 + 5 = 8 = Lemniskate, wie oben so unten, Neuanfang auf höherer Ebene	Verankerung in der Gesellschaft Tradition Geduld Vorstellungen Fundament Beruhigung Augenblick Position Position beziehen Orientierung, Erwartung Eigene Mitte Stärke Ballast loslassen Entspannung erfordert Arbeit	festhaltend verankert stabil unbeweglich treu unflexibel chronisch verlässlich Halt gebend bezogen ausdauernd tiefgründig abhängig fleißig

1: Was bedeutet die Karte des *Ankers* für Sie? Was ist Ihr stärkster Eindruck?

2: Wie haben Sie sich im Spiel als »Anker« gefühlt? Finden Sie in diesen Gefühlen eine Antwort auf Ihre Frage?

3: Welche Hinweise gibt Ihnen allein schon die Bildbeschreibung auf die Bedeutung der Karte? Können diese Ihre Frage beantworten?

4: Und welche Anhaltspunkte finden Sie bezüglich Ihrer Frage in der Botschaft?

5: Formulieren Sie die Antwort aus den Schlüsselworten, Assoziationen und/oder Eigenschaften.

6: Eine persönliche Frage: »Was gibt Ihnen Halt? Verhilft dieser Ihnen zu Flexibilität und Freiheit?«

Das Kreuz

Das Spiel
Betrachten Sie zuerst die Karte des Kreuzes. Können Sie sich vorstellen, ganz in dieser Form aufzugehen? Lassen Sie sich vollständig in diese Gestaltung einfließen. Schmücken Sie sich mit Edelsteinen. Spannen Sie sich in die Weite und in die Höhe. Wie wirkt diese Prägung? Begrenzend? Haltend? Kraftvoll? Ausdauernd?

____

____

____

Bildbeschreibung
Ein gelbgoldenes Kreuz ruht auf sandfarbenem Grund. Es ist mit vier olivenförmigen Edelsteinen geschmückt, die jeweils in eine der vier Himmelsrichtung zeigen. Ihre äußere Spitze endet in einem rot eingefassten goldenen Herzen. Zur Mitte führen Perlenfäden, die alle auf einen größeren Edelstein hinweisen, welcher die Kreuzesmitte bildet. Weitere rote Linien sind an den Rändern, rechts und links der Perlenfäden, zu sehen. Die vier Enden des Kreuzes schwingen am Ende leicht nach außen und dann zu einer Spitze wieder zusammen. Die äußerste Kante des Kreuzes ist mit einem grünen perlenförmigen Musterband eingefasst. Um die Mitte des Kreuzes schlingt sich diagonal ein roter Dornenkranz. Hinter dem Kreuz weht ein doppeltes graugrünliches Band, von links nach rechts, seine beiden Enden sind miteinander verbunden.

Botschaft
»Ich diene als Achse der Aufrichtung, und meine Energie formt die Aufrichtigkeit. Ich biete Richtung und Orientierung. Dank meiner zweifachen Achse verstärkt sich mein ausdauerndes Wesen um ein Mehrfaches. Ich weise nach außen – nach Ost und West, nach Nord und Süd und bleibe dabei selber klar und eindeutig in meiner Mitte. Oben und unten, vorne und hinten sind eins für mich. Meine Wahrnehmung ist auf den Augenblick gerichtet, im Wissen, dass das Gestern ebenso wie das Morgen im Jetzt enthalten ist. Unverrückbar lebe ich den Moment meines Seins und koste ihn aus, ob er mich fordert oder wiegt, ob er mir hart ankommt oder mich mit Leichtigkeit belebt. Ich bleibe ganz dabei und ganz darin, um jede gemachte Erfahrung als Kostbarkeit in das Schatzkästlein meines Lebens legen zu können.«

Schlüsselworte

Religion, Schicksal, Belastung, Prüfung, Wesentliches, Bürde

Die Karten um das *Kreuz* erzählen, was mir für dieses Leben aufgetragen ist. Rechts vom *Kreuz* = Intensivierung, links = wird weniger, Karte unterm *Kreuz* = Bestimmung, Vererbung

Zuordnungen	Assoziationen	Eigenschaften
Typ/Temperament: Priester, Mensch mit religiösen Überzeugungen *Zeit/Dauer:* längerfristig *Richtung/Lage:* nicht relevant *Beruf:* Beruf ist Berufung *Partnerschaft:* füreinander bestimmt, spirituell verbunden *Gesundheit:* erblich bedingte Krankheit, Krankheit als Chance zur inneren Einkehr; Kreuz *Astrologie:* fester Schütze *Zahl:* »36« ohne individuelle Angaben, 3 + 6 = 9 = Schwelle am Übergang, Sammlung vor dem Schritt, Weg von außen nach innen	Orientierung Richtung Ausrichtung Reifung Weisheit Vertrauen Erfahrung Aufrichtigkeit Mitte Klarheit Bestimmung Einheit Augenblick und Ewigkeit	hingebungsvoll unausweichlich endlich – unendlich verlässlich, religiös fest, akzeptierend sich selbst und dem eigenen Wesen treu edel, kostbar wertvoll eindeutig spirituell ererbt selbstlos berechenbar aufrecht

1: Was bedeutet die Karte des *Kreuzes* für Sie? Was ist Ihr stärkster Eindruck?

2: Wie haben Sie sich im Spiel als »Kreuz« gefühlt? Finden Sie in diesen Gefühlen eine Antwort auf Ihre Frage?

3: Welche Hinweise gibt Ihnen allein schon die Bildbeschreibung auf die Bedeutung der Karte? Können diese Ihre Frage beantworten?

4: Und welche Anhaltspunkte finden Sie bezüglich Ihrer Frage in der Botschaft?

5: Formulieren Sie die Antwort aus den Schlüsselworten, Assoziationen und/oder Eigenschaften.

6: Eine persönliche Frage: »Was stärkt Ihnen heute den Rücken und richtet Sie auf?«

23
17
7
9
36

Was Sie sonst noch zu den Karten wissen sollten

Da Sie nun alle Karten einzeln und im Besonderen studiert und sich deren Wesensarten zu eigen gemacht haben, fügen sich auf den kommenden Seiten noch einige wissenswerte Zusatzinformationen an.

Die Karten des Lenormanddecks können in spezifische Gruppen eingeteilt und nach übergeordneten Bezügen geordnet werden.

Personenkarten sind besonders wesentliche Karten. Zu ihnen gehören zualleterst die Dame und der Herr, die stets für den jeweilig Fragestellenden stehen. Andere Personenkarten erweitern die Möglichkeiten, bei einer Frage nach einer bestimmten Person Ausschau zu halten und die sie umgebenden Karten zur Antwortfindung heranzuziehen.

Oft stehen Karten für bestimmte Typen:

Der Bär: Onkel, Chef
Das Kind: Kind, inneres Kind
Die Eulen: Schwestern, alte Damen, Freundinnen, immer weiblich
Der Reiter: junger, sportlicher Herr, Geliebter
Die Schlange: Geliebte, Schwiegermutter, Rivalin
Der Hund: Arbeitskollege, Nachbar
Der Berg: kann den Großvater symbolisieren
Der Turm: Karten zwischen Turm und Herr stellen den Vater dar
Die Schlange: Karten zwischen Dame und Schlange stellen die Mutter dar

Wenn es um Dinge der Liebe geht, braucht es das *Herz*. Und wenn diese Herzenssache vertraglich geregelt werden soll, den *Ring*. Er steht auch für alle Arten von Verträgen und für Belange von Vereinen.

Bringerkarten gibt es drei bzw. vier. *Die Störche* und *Das Schiff* bringen etwas von links nach rechts und *der Reiter* von rechts nach links. Dabei sagt die im Rücken liegende Karte, um was es sich handelt, und die davor liegende Karte, wohin etwas gebracht wird. *Der Brief* »hofft« auf das links von ihm Liegende und zwar in der Art und Weise, wie es die rechts liegende Karte erzählt.

Die Berufskarte im eigentlichen Sinn ist vor allen Dingen *der Anker. Der Turm* weist auf Selbstständigkeit im Beruf hin und *die Störche* können den beruflichen Neuanfang und die Veränderung im Beruf ansagen.

Bei der allein herrschenden Gesundheitskarte handelt es sich um *den Baum*. Doch allen weiteren Karten sind, wie Sie ja bereits wissen, Körperregionen und Organe zugeordnet.

Für die Finanzen stehen *die Fische* und für alles, was mit Wohnen zu tun hat, *das Haus*. Zu den spirituellen Karten zählen *die Sterne, der Mond, die Sonne* und *die Fische*, die sogenannten Seelenkarten werden von *Schiff, Fische, Mond* und *Sternen* repräsentiert.

Signifikatoren

Viele der Lenormandkarten bieten sich für spezielle Fragen als »Signifikator« an. Ein Signifikator ist eine Themen- oder Zielkarte und wird offen ausgewählt. Sie soll den Bereich bezeichnen, über den Sie Näheres wissen wollen. Die untenstehende Übersicht lässt sich deutlich stärker differenzieren, wenn Sie die Beschreibungen zu jeder Einzelkarte lesen. Dort können Sie weitere Hinweise finden, welche Karte für welches Thema Signifikator sein kann. Mischen Sie alle 36 Karten und ziehen Sie die für Ihre Legung notwendige Anzahl. Wenn sich darunter die Karte des Ihrer Frage zugeordneten Themas befindet, behält die Frage Priorität. Ist sie nicht dabei, will die Legung Sie womöglich auf ein »Nebengleis« führen und eine Frage, die hinter der ersten Frage liegt, aufdecken und beantworten. Wenn es Ihnen beispielsweise um den Beruf geht und Sie ziehen zur Antwortfindung u. a. den *Anker*, dann erhöht und zentriert dies die Thematik. Wenn nicht, geht es womöglich um mehr als um diese spezielle Frage.

Manchmal ist es gar nicht so leicht, eine themenspezifische Karte zu einer Frage zu finden. Bei einer meiner Kundinnen war dies der Fall, sie wollte zur Entwicklung des Produktes, das sie gefertigt hatte, Genaueres wissen. Welche Karte konnte dies darstellen? Ich bat sie, eine der ausliegenden Karten zu benennen und sie wählte die *Sense*. Ich empfand es als unglaublich spannend, wie die umliegenden Karten genau das aussagten, was sie bereits erlebt hatte und wie es weitergehen konnte. Machen Sie es ebenso: Wählen Sie, sollten Sie keine Themenkarte finden, bei einer großen Legung eine der ausliegenden Karten aus, die Ihr Thema im Besonderen auszudrücken vermag und deuten Sie diese wie gewohnt in den Bezügen zu den Umgebungskarten und zur Hauskarte.

Beruf

Partnerschaft

Selbstständigkeit

Gesundheit

Partnerschaft

Spiritualität

Kinder

Mein Lebensplan
Wozu bin ich hier?

Wohnen

Finanzen

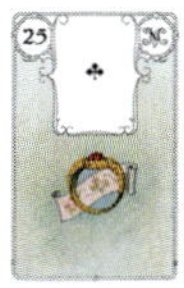
Ehe
Verträge
Vereine

Freundschaft
Arbeitskollege/-kollegin

Herzensdinge
Liebe

Größere Reisen

Kreativität
Künstlerisches Schaffen

Das Phänomen der Zeit

In der Kunst der Astrologie ist Zeit ein wesentlicher Faktor und lässt sich dort qualitativ und quantitativ betrachten und deuten. Dies ist beim Kartenlegen weit weniger deutlich. Gleichzeitig ist in vielen Fragen eine zeitliche Dimension enthalten. Ein Mensch möchte wissen, wann etwas eintrifft oder aufhört, wie viel Zeit ihm bleibt oder in welcher Zeit dies und jenes geschehen wird. Wie kann also mit Zeitbegriffen und Zeitspannen bei Deutungen umgegangen werden?

Zum einen finden Sie bei den ausführlichen Darstellungen jeder Einzelkarte ab Seite 45 unter der Rubrik Zuordnungen eine Aussage zur zeitlichen Dimension, sofern die Karte eine diesbezügliche Deutung zulässt. Zum anderen enthalten womöglich Kombinationen von Karten, die gemeinsam die gesuchte Antwort formulieren, eine Zeitkarte, die zurate gezogen werden kann. Sollte die Zeitspanne für die Fragenden sehr wesentlich sein, kann beim großen Blatt womöglich die Bedeutung der »Heimatkarte« Antwort geben (siehe Häuserdeutung Seite 173). Ansonsten handhabe ich es so, dass, wenn bis zum Ende einer Legung diese Frage immer noch offen ist, die Karten neu gemischt werden, im Fächer ausgelegt und noch eine Karte im Hinblick auf die Zeit der zuvor gefundenen Antwort gezogen wird. Wenn diese wiederum keinen Aufschluss ermöglicht, soll der Zeitrahmen für dieses Thema zum jetzigen Zeitpunkt offen bleiben.

Zeit spielt beim Kartenlegen auch insofern eine Rolle, wenn nach der Gültigkeit der Deutungen gefragt wird. Im Gegensatz zur Astrologie, die in einer Interpretation des Geburtshoroskops den Charakter und das Potenzial eines Menschen beschreiben kann, welches für seine gesamte Lebensspanne Gültigkeit hat, gleicht das Kartenlegen einer Momentaufnahme, der Spiegelung dessen, was gerade ist und wo es hinführen kann. Aufgrund der Bewegungen des Lebens, die sich immer im Prozess und Wandel befinden, gebe ich einer Legung in der Regel die Gültigkeit von sechs Monaten. Die sichtbar werdenden Themen können natürlich auch sehr viel weiter reichen, weil sie Grundzüge der Persönlichkeit zeigen, die lebensbegleitend sind. Sie können aber auch deutlich kürzer sein, und zwar dann, wenn sich das Thema rasch erledigen, bearbeiten und lösen lässt oder sich aufgrund der Antwort sofort klärt und es nur eines Anstoßes der Bewusstwerdung durch die Karten gebraucht hatte.

Ein wenig Zahlenakrobatik – Von Quersummen und Verständniszahlen

Gerade kleinen Legungen ist es zu eigen, dass sie Wesentliches in kurzer Zeit auf den Punkt bringen können. Um diese Konzentration der »Kleinen« noch zu steigern und um die Aussage der Karten deutlicher zu verstehen, setze ich nach der ersten Deutung der in Kombination stehenden Karten gern die Ermittlung der Quersumme ein. Entgegen anderen Traditionen, in denen einzelne Ziffern zusammengezählt werden, ermittle ich bei den Lenormandkarten die Zahlenwerte aller aufgedeckten Karten in einer Summe.

Wenn ich also bei einer Dreierlegung die Quintessenz des Ganzen wissen will, zähle ich die Zahlenwerte aller drei Karten zusammen und ziehe davon so oft 36 ab, bis ich eine Zahl unter 37 erhalte. Die Bedeutung dieser Karte fasst meine Legung komprimiert zusammen. Hier ein Beispiel, gelegt von einer Frau.

35 32 29 24

$$35 + 32 + 29 = 96$$
$$96 - 36 = 60$$
$$60 - 36 = 24$$

Die Karte mit der Nummer 24 ist das Herz, das nun die Aussage der ersten drei Karten um eine entscheidende Information ergänzt:

- Wir können davon ausgehen, dass der Beruf (*Anker*), von dem die Fragestellerin (*Dame*) träumt (*Mond*), für sie eine Herzenssache (*Herz*) ist.
- Oder: Die Dame arbeitet mit Kindern (*Mond*), die ihr sehr am Herzen liegen.
- Hat sich hier womöglich jemand in eine Arbeitskollegin verliebt?

Die Schätze der Tiefe

Die Praxis zeigt mir immer wieder, dass sich Menschen beim Aufdecken der Karten besonders freuen oder gar erleichtert reagieren, wenn sie Darstellungen ziehen wie *Sonne*, *Blumen* oder *Herz*. Karten wie *Mäuse*, *Sarg* und *Fuchs* sind weniger beliebt. Schon die Anspannung, die die Fragenden häufig zu einer Beratung mitbringen, deutet darauf hin, dass wir Menschen hoffen, nichts Unliebsames zu erfahren und dass wir nur Gutes und Konstruktives hören möchten. Dass wir uns dabei deutlich in die Polarität begeben, bleibt uns in diesem Moment meist verborgen. Denn wir nehmen das Gelingende ja gerade deshalb wahr, weil wir das Gegenteil, das Ungelungene kennen.

Es ist die Größe solcher Systeme wie Kartenlegen oder Astrologie, dass sie alles anzeigen, auch das, was wir tunlichst vermeiden wollen, obwohl 50 Prozent vom Ganzen schon des Ausgleichs willen Schatten zu werfen hat. Die Karten klammern diesen Teil nicht aus, sie beziehen ihn mit ein und bieten den Fragestellenden an, sich von allen Seiten zu betrachten. So offenbaren sich Hoffnung auf und Furcht vor etwas als Geschwister.

Die Schwierigkeit liegt meist in der Identifikation mit dem Gefühl, das wir mit den Hindernissen unseres Lebens verbinden. Wir möchten unliebsame Situationen nicht noch einmal erleben. Das Problem liegt viel weniger an der Erfahrung des Scheiterns an sich als an dem, wie wir diese »Lebensknoten« auf emotionaler Ebene erlebt und womöglich innerlich weggedrückt haben, um sie – vermeintlich – nicht mehr zu spüren. Ein Gesetz besagt, dass alles, was wir im Laufe unseres Lebens an seelisch Unverdautem beiseiteschieben, sich immer wieder melden wird, und zwar so lange, bis wir diese Gefühle integrieren, sie als zu uns gehörend in Liebe annehmen und damit die darin gebundene Energie befreien. An diesem Prozess wachsen wir hin zu der bewussten Erkenntnis des »Seins«

Lebensknoten sind, wie sicherlich viele von Ihnen wissen, auch Knotenpunkte, die ganz neue Sichtweisen und Erfahrungen mit sich bringen. Die Knoten des Getreidehalmes beispielsweise stabilisieren sein Wachstum und sie sorgen für höchstmögliche Festigkeit bei größtmöglicher Flexibilität und Leichtigkeit. Beim Bambus ist dies noch erstaunlicher, kann er doch Dank seiner Knoten bis zu 40 Meter hoch werden! Sobald wir mit unseren eigenen Lebensknoten in dieses Bild eintauchen, verändert sich die emotionale Energie darin und wir beginnen unser Sein und unser So-Sein zu verstehen und zu lieben.

Die große Übung des Lebens ist es, sich immer wieder in die Mitte dieser Polarität zu stellen und weder nur das Köstliche zu wollen, noch das Schwierige abzulehnen, sondern zu hören, was unsere Seele verwirklichen will, wozu sie sich gerade hier und jetzt in uns als Mensch inkarniert hat. Diese Haltung regt detektivisch an, den Schatz, der unter Ungelungenem und Schwierigem liegt, entdecken und heben zu wollen. Je mehr uns dies gelingt, desto mehr befreien wir die darin gebundene Lebensenergie und können sie künftig für Kreativität und Konstruktives nutzen.

Wenn wir unser Leben auf diese Weise betrachten, werden die äußeren »Feinde« schwinden. Denn wir lernen unsere eigenen inneren Widersacher kennen, all dasjenige, was sich in uns selbst noch nicht befriedet hat, und machen sie uns vertraut. Jeder Ärger mit äußeren Dingen, Lebewesen und Situationen spiegeln unseren eigenen Unfrieden in uns und mit uns wider. Vor allen Dingen sich wiederholende Konstellationen bieten uns die Möglichkeit, konstruktiv an eine Aufgabe heranzugehen. Denn wir holen uns diese so lange wieder, bis wir alle Facetten, die uns ein derartiger Lebensknoten bietet, kennengelernt, uns das Wissen darum angeeignet und es verwertet haben. Wir sind hier, um zu lernen. In manchen Phasen haben wir uns anscheinend gerade ins »Knotensemester« eingeschrieben. Gerade solche Zeiten bieten ein enormes Wachstumspotenzial an, wenn wir die Schwierigkeiten annehmen und uns mit ihnen auseinandersetzen. In diesem Prozess lernen wir unsere Bindungen und Identifizierungen an und mit Formen und Werten kennen, die sich von unserem wahren Sein unterscheiden.

Dieses Kapitel will Sie in eine solche Sichtweise einführen und vor allen Dingen anregen, diesbezüglich den eigenen Blick zu schulen.

Hier stelle ich Ihnen die Karten, die Sie schon kennen, noch einmal vor, und zwar zum einen mit den bekannten Schlüsselwörtern, die die Interpretation der Karten beeinflusst, und zum anderen mit dem Entwicklungspotenzial, das sie enthalten, wozu sie auffordern. Tauchen Sie ein in die Tiefe, die unter Schwierigkeiten, Belastungen und Verstrickungen verborgen ist. Suchen Sie nach dem Schatz, nach dem Geschenk, schürfen Sie nach dem versteckten Gold in einer vertrackten Situation, die Sie aus eigener Erfahrung kennen und die sich vielleicht auch schon mehrmals in Ihrem Leben wiederholt hat. Wir holen uns nur das immer wieder, was wir noch nicht verstanden und neu gegriffen haben. Eine Charaktereigenschaft, beispielsweise, sich emotional schlecht von anderen abgrenzen zu können, wird in dem Moment zum Geschenk, in dem die/der Betreffende dies als Gabe der Emphatiefähigkeit und des Verstehens erkennt. Von da an lässt sich diese Wesensart nutzen, ohne das Eigene zu verlieren

Die Karten wollen mitteilen, um was es wirklich geht, was hinter einem Problem steht, wozu eine Situation gut sein kann und was gerade dann entwickelt werden kann.

Aufgabe 1
Hier geht es zum einen um Schätze und Geschenke von »Lebensknoten«, so genannten Krisen, die häufig den Wechsel auf die nächste Entwicklungsebene einläuten, und zum anderen um Fragen, Assoziationen und Ergänzungen aus eigener Erfahrung.

Schlüsselworte	Wohin kann dieses Thema führen?
Die Wolken  Unklarheiten, fehlender Durchblick, Undurchschaubarkeit, Bedrückendes Missverständnisse Depression, Angst Unentschlossenheit, Energie Wechsel, Zusammenballung Seelenkarte	Gleichmut, Flexibilität, Verwurzelung, Standpunkt, emotionale Sicherheit, zwei Seiten einer Medaille, Bewusstsein für Polarität, in der eigenen Mitte sein. Kommen und Gehen, Geben und Nehmen, Begegnung, Kraft, Bewegung des Lebens, mich bewegen. Quälen mich Emotionen? Kann ich mich, will ich mich jetzt entscheiden? Um was geht es wirklich? Will ich es definitiv wissen? Was bewegt mich? Bäume im Vordergrund: Wie sehr ist der Mensch verwurzelt? Welchen Standpunkt hat er, ist er emotional gefestigt? Ist er klar bei sich?
Eigene Erfahrungen	

Schlüsselworte	Wohin kann dieses Thema führen?
Die Schlange  Komplikationen, Umwege Rivalin, Verwicklungen berechnendes Verhalten Nebenbuhlerin Intelligenz, Falschheit Gefahr, Erotik Kompliziertheit	Häutung, Kraft, Energie, Authentizität, Wahrheit, Unerschrockenheit, Prozessorientiertheit, Selbstbewusstsein, Veränderung, Abwehrkräfte, Entdeckung, Intensität, Aufmerksamkeit, Erfahrung. Wachstum und Entwicklung führt zu Aufrichtekraft. Jeder Prozess vertieft das Bewusst sein für das eigene Sein. Sich ganz zeigen. Vermeintliche Umwege erweitern den Blickwinkel und intensivieren die Klarheit. Mut, das volle Potential sichtbar zu leben. Lebe ich authentisch? Lebe ich all meine Facetten oder unterdrücke ich Bedürfnisse? Kenne ich Schuldgefühle? Auf was weisen diese mich hin?
Eigene Erfahrungen	
Der Sarg  Krankheit, Ende, Tod Verlust, Neugeburt Stagnation entzieht anderen Kraft , das Nein in den Karten Seelenkarte	Phönix aus der Asche, Neugeburt, Entwicklung, Stirb-und-Werde-Prozess, eine überkommene äußere Form »begraben«, Sein und Haben, Veränderung. Die innere Schale leeren, um neu empfangen zu können. Abschied nährt Neues. Die Hitze der Flammen nährt sich am Überkommenen und erschafft damit Neues. Wechsel der Ebenen, neue Wirklichkeiten schaffen. Wo ist meine Energie gebunden? Wozu nützt mir dies? Was hindert mich, mein volles Potenzial zu leben? Welche Teile meines Wesens wollen sichtbar in der Welt leuchten? Traue ich mir meine tiefste Höhe zu?
Eigene Erfahrungen	
Die Sense  Unterbrechung Trennung von etwas	Ernte, Prozess, Realität, Entwicklung, Reife, Erfahrung, Achtsamkeit, Pause, Unterbrechung. Alles hat seine Zeit, es gibt im Moment nichts zu tun. An die Dinge herangehen, sich von Altem trennen, sehen, was ist. Will etwas von seinen Wurzeln getrennt werden? Welcher Prozess ist zu Ende? Was wurde reif? Wozu? Was verletzt mich? Ist mir schon klar (*Sense* = scharf),

Schlüsselworte	Wohin kann dieses Thema führen?
Verletzung, Jähzorn Überraschung, Plötzliches Belastung, Gefahr, Warnung Schmerz, Unerwartetes, Unfall	was mit der Ernte geschehen soll? Was kann ich »heimfahren«?
Eigene Erfahrungen	
Die Ruten  Herausforderung, Streit Kampf, Diskussion Auseinandersetzung Konflikt, Anspannung Ärger, Verdruss, Sorgen Rechtsgeschäfte Kommunikation, Gespräche Selbstbestrafung	Verantwortung, Haltung, Verstehen, Verbinden, Eindeutigkeit, Redegewandtheit, Konfliktfähigkeit, den eigenen Standpunkt finden/haben und vertreten, neue Erkenntnisse aufgrund anderer Meinungen gewinnen, interessanten Rat erhalten, Fragen stellen, Antworten suchen, Unterschiede von Ich und Du, Energien konzentrieren, Weltanschauungsvielfalt und eigene Begrenzung, Polarität erleben. Bin ich anderen ein Gegenüber? Nehme ich das Gegenüber wahr? Kann ich zwischen Eigen- und Fremdwahrnehmung unterscheiden? Bin ich bereit, neue Erfahrungen zu sammeln, die meinen geistigen Horizont erweitern? Zeige ich meine Kraft?
Eigene Erfahrungen	
Die Eulen  Hektik, Stress, Ärger Aufregung, Unruhe Oberflächlichkeit Tratsch, Sorgen,Kontrolle vorübergehende Mühen Gespräche, Nebentätigkeit	Zentrierung, Weisheit, Entspannung, Schatten, Blickwinkelerweiterung, Gedankenaustausch, Begegnung, Beziehung, Nähe, Austausch als Bereicherung, Einsicht in Naheliegendes, Wissen austauschen, Neuigkeiten mitteilen, Weiterbildung anstreben, Gleichgesinnte treffen. Kommunikation im Dialog, dabei Anregungen suchen und geben, eigene und anderer Klugheit schätzen. Kommuniziere ich auch bisher Unausgesprochenes? Habe ich Achtung vor dem Du? Bin ich fähig, den Augenblick zu leben? Rede ich mit den anderen, nicht über sie?
Eigene Erfahrungen	

Schlüsselworte	**Wohin kann dieses Thema führen?**
Der Fuchs  Lüge, Falschheit Missgunst, Misstrauen Ausreden, Verrat Hintergehen, Betrug Hinterlist, Neid Scheinheiligkeit Seitensprung Heimtücke Gewitztes Intelligenz Cleverness	Wachheit, Gewahrsein, Achtsamkeit, Analyse, Wahrhaftigkeit, Bewahrung, im Augenblick sein, Bewusstheit entwickeln, ganz bei sich sein, Verstand und Gefühl in Einklang bringen, die eigene Wahrheit erkennen und leben, echt sein, genau, authentisch sein, persönliche Möglichkeiten leben, die geistige Kraft zur Ausrichtung auf das mir Wesensgemäße lenken. Wer bin ich im Großen Ganzen? Wahre ich meine eigenen Werte? Nehme ich mich selbst wahr und lebe diese Wahrheit? Schule ich meine eigene Wahrnehmung?
Eigene Erfahrungen	
Der Turm  Trennung Einsamkeit Alleinsein Festgefahrenheit Rückzug Behörde, Institution Begrenzung Isolation, Grenze Arbeit, Erfolg berufliche Selbstständigkeit	Klarheit, Distanz, Übersicht, Überblick, geistige Weite, Meta-Ebene, Akzeptanz, Basis, Sichtbarkeit, Fundament, Orientierung, Achse, Unabhängigkeit, Standpunkt, Ichkraft, langfristige Planung, innere und äußere Selbstständigkeit, Verantwortung für mich selbst, Gabe und Aufgabe, Alleinsein = All-Eins-Sein. Eine in der Gesellschaft nützliche Aufgabe übernehmen. Was gibt mir Halt? Kann ich mich auf das Wesentliche konzentrieren? Kenne ich meine Aufrichtekraft? Bin ich für andere sichtbar?
Eigene Erfahrungen	

Schlüsselworte	Wohin kann dieses Thema führen?
Der Berg  Blockade, Hindernis Anstrengung, Hemmung Frustration, Anforderung Angst, Begrenzung Aufwand, Schwierigkeiten Sturheit,Trotz, Macht, Stärke	Aufgabe, Ausdauer, Konzentration, Anforderung, Herausforderung, Selbstdisziplin, Meditation, Erfahrung, Aufstieg, Ziel, Meta-Ebene, Aufwand, Horizonterweiterung, Zielfindung, Durchhaltevermögen, Training, Ausrichtung, Weisheit, Übung, Vorbereitung, Geduld, Verlangsamung, Ruhe. Darf mein Ziel der Weg sein? Lasse ich mir Zeit? Kann ich mich auf das Wesentliche einlassen? Bin ich mir meiner Ziele gewahr? Was braucht noch mehr Klarheit?
Eigene Erfahrungen	
Die Mäuse  Verlust, nagende Gedanken Vorsicht, Belastung, Krankheit Kummer, Sorgen, Müll, Alltag	Teamarbeit, Haben und Sein, Teil einer Gemeinschaft sein. Besinnung auf das, was wirklich nährt, eigene Ressourcen anzapfen, Licht ins Dunkel bringen. Gibt es unausgedrückte Gefühle? Liegen »Leichen« im Seelen-Keller? Welche Anteile der Vergangenheit beeinflussen heutige Handlungen immer noch, ohne dass sie nutzen? Erlaube ich mir, Lust statt Verlust zu leben?
Eigene Erfahrungen	
Das Kreuz 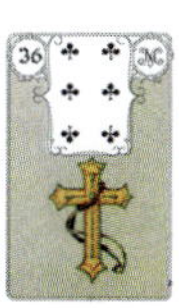 Schicksal, Bürde, Belastung Last,Lebensprobleme Prüfung, Unabänderliches Bestimmung, Religion	Orientierung, Ausrichtung, Weisheit, Reifung, Aufrichtigkeit, Vertrauen, Klarheit, Richtung, Einheit, Erfahrung, Bestimmung, Augenblick, Ewigkeit, Mitte, Körperlichkeit, ganz Menschsein, Spiritualität. Kann ich das Leben als Kostbarkeit achten? Habe ich ein volles Ja zu meinem Mensch-sein? Was hat sich meine Seele für dieses Leben vorgenommen?
Eigene Erfahrungen	

Am Ende dieser Übung stelle ich Ihnen eine Legung vor, die Ihnen zeigen will, dass jede noch so konstruktiv anmutende Wunschkarte ein problematisches Lebensthema eines Menschen anzeigen kann, ohne dass es eine Karte zu sein hat, die von sich aus schon »Knoten«-Potenzial besitzt.

Eine Kundin erzählte von ihrer Beobachtung, in immer wiederkehrende destruktive Situationen zu geraten und vermutete darin eine in ihrer Kindheit begründete Ursache. Diese wollte sie verstehen. Ich bat sie, eine Einzelkarte dafür zu ziehen.

Es erschien die Karte der *Sonne*. Sie hatte als Kind für alle und möglichst zu jeder Zeit der Sonnenschein zu sein. Das war ihre vorrangige kindliche Rolle im Familiensystem gewesen. Die sie umgebenden Personen brauchten dieses Kind als energetische Nahrungsquelle, es sollte ihr Licht in ihrer alltäglichen Lebenswelt sein und sie mit Wärme, Begeisterung und Lebensfreude nähren. Aus der kindlichen Vitalität und Kreativität bezogen sie ihre eigene. So war klar, dass diesem Kind die Sonne aufzugehen und es das lebensbejahende Element dieses Familiensystems zu sein hatte. Die Leistung war täglich zu erbringen, um in diesem Verbund den damit gesicherten Platz zu erhalten, um dazuzugehören und um Wohlwollen und Nestwärme zu erfahren.

Ich bat sie, eine weitere Karte dafür zu ziehen, was sie denn anderes gebraucht hätte.

Es zeigte sich die Karte des *Mondes*. Schöner und passender hätten die Karten gar nicht reden können! Das Kind selbst wollte genährt werden, es wollte einfach sein, arglos Kind sein und sich mit der Welt und den Menschen fließend verbinden. Es suchte Geborgenheit und Zugehörigkeit, unverdiente Zuneigung und Zuwendung empfangend und daraus Sicherheit und Willkommen beziehend. Es wollte von Herzen gern das wechselnde Licht der Menschen und der spannenden Welt, in die es hineinwuchs, spiegeln und in die Lebensrhythmen der Erziehenden eintauchen.

Diese Legung und die Aussage der Karten berührte die Fragende sehr! Sie fühlte sich von der Offenbarung ihrer Seele reich beschenkt und war sichtlich ergriffen.

Und Sie wissen ja, Erkenntnis gebiert Entwicklung. Dank der Lenormandkarten weiß ihr Verstand nun, worin ihr Problem in der Kindheit bestand – wie ihr innerer Schalter heißt, den sie in künftigen Situationen umzulegen hat, doch sie hat in Besonderheit in ihrem Herzen gerade dafür auch zwei sehr ausdrucksstarke Bilder erhalten, mit deren Hilfe sie ihr Bewusstsein lenken kann. Bilder haben eine ganz besondere Kraft. Sie berühren und begleiten die Seele!

Diese Erzählung will die Augen dafür öffnen, dass das, was wir zu entwickeln haben und was unsere Seele erfahren will, sich in allen Karte zeigen kann.

Ich wünsche Ihnen, dass Sie im Umgang mit den Karten Offenheit entwickeln, wohl wissend, dass Vordergründiges stets mit der dazugehörigen Kulisse verbunden ist.

Die Lage der Karten

Was Sie bereits mehrmals ausprobiert und geübt haben, erzähle ich Ihnen hier erneut, und zwar als Hinführung zu und im Verbund mit den verschiedenen Legemethoden. Ähnlich den astrologischen Aspekten haben die Lenormandkarten besondere und wechselnde Bezüge, je nachdem, an welchem Ort sie im Spiel liegen. Schon die Lage einer Karte kann aussagen, welche Art der Beziehung sie zu den angrenzenden aufnimmt.

Ganz prinzipiell liegt eine Karte über, rechts, links und unter einer anderen oder eben auch diagonal zu weiteren Karten. Im Allgemeinen weisen wir der linken Seite die Vergangenheit, das Begleitende zu, der rechten die Zukunft und das Stärkende, die Gedanken liegen oben. Unten suchen wir das Fundament, auf dem etwas oder jemand steht. Dort finden wir auch das Nährende.

Die Personenkarten mit der Blickrichtung nach links bilden eine Ausnahme. Bei ihnen liegt im Gegensatz zur oben gemachten Aussage die Vergangenheit rechts (im Rücken) und links deren Zukunft (in Blickrichtung).

Dasselbe gilt für diese zwei Karten, wenn sie als Personenkarten gedeutet werden.

Die Diagonalen in kleinen Legungen bringen die bereits gefundenen Antworten in Bewegung oder sie weisen auf den Hintergrund einer Frage hin.

Sie sehen, allein die Lage gibt uns bereits Anhaltspunkte zur Bedeutung der Karten.

Eine Einzelkarte bezieht sich direkt auf die Frage und gibt aus sich heraus die Antwort. Sobald wir mehr als eine Karte auslegen, wirkt zuerst die Beziehung der Karten zueinander, und dieser spezifische Kontakt antwortet auf unsere Frage.

Ab diesem Moment ist die Lage einer Karte mit zu bedenken. Denn wenn beispielsweise der Fuchs als zweite Karte auf den Brief schaut, beschäftigt mich eine bereits erhaltene Information, liegt er als erste Karte links vom Brief erwarte ich diese Nachricht noch und der Fuchs bietet mir durch seinen »Weggang« an, diese getrost und in geistiger Offenheit zu empfangen.

Sobald Sie ein vorgegebenes Schema für Ihre Legung benutzen, wie es bei den kleinen Legearten häufig vorkommt, ist die Deutungsebene klar. Das erleichtert die Antwortfindung und das Erkennen der Zusammenhänge.

Des Weiteren sollten Sie besonders Signifikatoren und Personenkarten beachten. Sobald die Karten, die den Inhalt Ihrer Frage (Signifikator) repräsentieren oder Sie selbst als Fragender (Personenkarte), in einer kleinen Legung auftauchen (im großen Blatt sind ohnehin alle Karten sichtbar), verdichtet sich das Thema auf die zentrale Frage.

Karten, die je nach Lage eine verstärkende oder abschwächende Wirkung auf ihre Nachbarkarten haben, bilden eine weitere Deutungsebene. Ob die Wolken vor oder hinter der Schlange liegen, sagt aufgrund der hellen und der dunklen Seite zweierlei (s. u.).

Die Deutung des großen Blattes bezieht sich grundlegend auf oben gemachte Aussagen und bezieht noch weitere Spezialitäten mit ein.

Aufgabe 1
Wie deuten Sie die zwei Karten im jeweiligen Tausch der Position von links auf rechts?

Was war Was ist Was kommt

Hier bestimmt die jeweilige Position einer Karte Vergangenheit (1), Gegenwart (2) und Zukunft (3). Die erste Karte erzählt, was war, die zweite, was ist, und die dritte, was aus diesem Prozess, in dem die Fragende gerade steht, werden will.

Bisher konnte Maria ihre persönliche Vielfalt leicht zeigen und fühlte sich ziemlich ungeniert (Blumen). Doch seit einiger Zeit fragt sie sich, was daran denn wirklich echt ist. War sie das immer selbst, die da agierte und immer gut drauf zu sein hatte, oder spielte sie eine Rolle (Fuchs)? Der Verlauf dieser Entwicklung wird sie dahin führen, sich voll dem eigenen Fluss und der inneren Tiefe anzuvertrauen, um sich umfassender kennenzulernen und Verborgenes mit Sichtbarem authentisch in Einklang zu bringen (Fische).

Was war Was ist Was kommt Was tun

Wenn Sie die Zahlenwerte aller drei Karten zusammenzählen und daraus die Quersumme bilden, erhalten Sie einen zusätzlichen Hinweis, wie Maria mit ihrer inneren Frage umgehen kann (9 + 14 + 34 = 57 – 36 = 21 = die Karte des Berges).

Der Berg sagt: »Stopp! Halte ein. Nimm dir Zeit. Was willst du wirklich? Wohin soll dein Weg gehen? Wie klar ist dir das Ziel deines Lebens? Entschleunige dich und erforsche das dir Wesensgemäße. Diese Entdeckung wird dir ganz neue Horizonte erschließen.«

Aufgabe 2

Für diese Aufgabe ordnen Sie den gleichen Karten wie eben, *Blumen*, *Fuchs* und *Fische*, passend der Deutung die richtigen Positionen zu.

Hier wird deutlich, wie die gleichen Karten in anderer Anordnung wieder eine neue Geschichte erzählen können. Die Quersumme bleibt hier auch dieselbe und somit die gleiche Karte, was die Sache noch einmal spannender macht. Da es sich hier nun drei Mal um die Karte des Berges handelt, hat die Botschaft der Quersummenkarte inhaltlich auch immer mit einem Pausieren/Innehalten zu tun.

1. 2. 3.

»Dieser Mensch schaut in seinem Leben meist auf andere, was diese können und tun, und orientiert sich stark an seiner äußeren Wahrnehmung. Es geht darum, dass er sich seiner eigenen Tiefe bewusst wird, seines ihm Wesentlichen und Wesensgemäßen und sowohl sich wie auch andere als gleich gültigen und gleich wertigen Teil des Großen Ganzen sieht. Aus diesem Blickwinkel heraus kann er sich mit seinem Selbst verbinden und seine eigene Kreativität und Individualität entdecken und leben.

Der Berg fordert diesen Menschen auf, innezuhalten. Nur ein Überdenken des bisherigen Verhaltens ermöglicht es ihm, seinen eigenen Talenten auf die Spur zu kommen und zu erleben, welch vielfältiges Geschenk seine Begabungen darstellen. Er hat sich seines fundamentalen Urgrundes bewusst zu werden und zu fragen, was ihn in seinem Leben trägt. Erträgt er sich selbst? Welchen Standpunkt vertritt er?«

Aufgabe 3
Wir verwenden noch einmal diese drei Karten, um eine andere Aussage zu finden. Auf welche Position kommen sie jetzt zu liegen?

1. 2. 3.

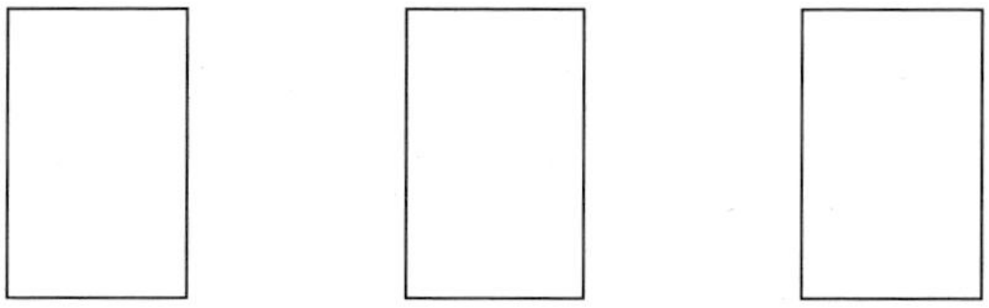

»Hier zeigt die Vergangenheit eine Persönlichkeit, die mit allem zufrieden ist, gern mit dem Strom schwimmt und nichts Eigenes zu brauchen scheint. Die momentane Befindlichkeit lässt sie wie von selbst immer wieder aus der Masse hervortreten und sie erfreut sich dabei an ihren vielfältigen Möglichkeiten. Diese Erfahrung soll zukünftig unbedingt voll bewusst gelebt werden. Ihr Gewahrsein von dem, was ist, braucht eine bewusste Differenzierung im Hier und Heute. Allein dadurch, dass sie ihre Wahrnehmung schärft und bewusst auf diese achtet und sie ernst nimmt, eröffnet ihr den Blick für das Geschenk des Lebens.

Die Quersummenkarte des Berges unterstützt diese Herausforderung der drei Kartenaussagen. Wer sich von den Wellen des Lebens tragen lässt, scheint ein Lebenskünstler zu sein. Wer sich von den Bewegungen des Lebens tragen lässt, weil er um den steten Wandel weiß und sich bewusst diesem hingibt, lässt die Welt an seiner Kunst teilhaben. Bewusstheit ist eine Übung, Übung führt zur Meisterschaft, und alle drei Begriffe sind in der Bedeutung der Karte *Der Berg* enthalten.«

Nun nehmen wir zwei weitere Positionen dazu (siehe Grafik auf Seite 133). Die Karte unter dem Signifikator zeigt, auf welchem Fundament das Angefragte steht oder ob es mit Füßen getreten wird, die Karte über der Mittelkarte gibt an, was den Menschen gedanklich beschäftigt.

Aufgabe 4

Vera hat folgende Frage: »Wie steht es um meine Gesundheit?« Vera macht sich viele Gedanken darüber, ob ihr Körper ausreichend gut versorgt und gesund ist. Wir wählten als Signifikator den Baum für die Mitte. Die weiteren Karten hat Vera aus dem Kartenfächer gezogen. Wie deuten Sie die Legung?

Wenn Sie mögen, ermitteln Sie noch die Quersumme und ergänzen damit Ihre Aussage.

Quersumme:

Wechselnde Richtungen und weitere Eigenwilligkeiten

Hier folgen nun weitere Möglichkeiten, die Deutung der Karten je nach Lage und Kombination mit anderen zu üben. Der Schwerpunkt liegt jetzt darauf, ob eine Karte rechts, links, über oder unter einer anderen Karte zu liegen kommt und wie sich dadurch ihre Aussage ändert bzw. spezifiziert.

Aufgabe 1

a) Notieren Sie als Erstes die Karten im Deck, die aufgrund ihrer Blickrichtung allgemein zu beachten sind:

b) Welche weiteren Karten haben unabhängig von der Blickrichtung links eine andere Aussage als rechts?

c) Es gibt drei Bringerkarten, die etwas von hier nach dort transportieren oder vermitteln. Die jeweils davor und dahinter liegenden Karten teilen mit, was wohin gebracht wird. Eine weitere Bringerkarte bezieht sich auf die Hoffnung, dass etwas kommt. Um welche vier Karten handelt es sich?

d) Wenn wir nach Belastungen und Verlusten Ausschau halten, kann dies von bestimmten Karten angezeigt werden. Von welchen?

Nachfolgend beginnt eine Aufgabenreihe mit einzelnen Karten aus dem Kapitel *Die Schätze der Tiefe*. Diese stehen bei vielen Kartenlegenden auf dem Konto »Ungeliebt«. Um was es sich bei Konstellationen in Bezug zu Verlust, Schwierigkeiten und Belastung wirklich handelt, habe ich schon erwähnt. Dass sich in allen »Lebensknoten« energetisches Potenzial verbirgt, wissen Sie bereits, und wie wir mit solchen »Knoten« lösungsorientiert, vital und konstruktiv umgehen können, zeigen die Übungen. Wenn es uns gelingt, die in den »Lebensknoten« gebundenen Energien zu befreien, ohne sie zu verstärken, zu bestätigen oder gar nach außen auf andere Menschen in Form von Schuldzuweisungen oder Feindbildern zu verlagern, dann beginnt unser Potenzial zu blühen und bringt zunächst Ungeahntes zutage.

Aufgabe 2

Wo kommt die Karte der *Mäuse* zu liegen, um zu folgenden Deutungen zu gelangen? Die oben sitzende Maus schaut nach links und weist der Karte ihrer Blickrichtung Verlust zu. Das rechts von den *Mäusen* liegende erhält wenig (zu wenig?) Beachtung und ist von nachlassendem Interesse.

a) Das Schweigen hat ein Ende.

b) Hoffnungen schwinden.

Aufgabe 3

Geben Sie der Karte der *Sense* die passende Position, damit sie die getroffene Aussage spiegelt. Die Karte rechts der *Sense* ist der Sensenspitze nah und kann auf eine Gefahr hinweisen. Links von der *Sense* geschieht plötzlich Erstaunliches, Unvermutetes, und wenn die *Sense* über einer anderen Karte zu liegen kommt, belastet dies womöglich die unten liegende Karte.

a) Der Kinderwunsch erfüllt sich ganz unerwartet.

b) Verletzte Gefühle hindern unentwegt jegliches Weiterkommen.

c) Der Neuanfang lässt auf sich warten.

Aufgabe 4

Wo liegt die Karte des *Fuchses*, um die gemachten Deutungen zu bestätigen? Worauf der Fuchs schaut, mag falsch sein und braucht deutlichere Wahrnehmungen; über das, wovon er sich abwendet, herrscht Verschwiegenheit, auch wenn sie womöglich nicht angebracht ist. Wenn er über einer Personenkarte zu liegen kommt, beschäftigen die Gedanken der Person, für welche diese Karte steht, sich mit Themen rund um die Einordnung von Beobachtungen und Empfindungen. Unter einer Personenkarte sagt der Fuchs:

»Dieser Mensch ist ehrlich!«

a) Hier wird heimlich mit öffentlicher Anerkennung geliebäugelt.

b) »Ob der Arbeitskollege hält, was er verspricht?«

c) Öffentliche Annerkennung auf Kosten anderer.

Aufgabe 5

Das *Kreuz* intensiviert die Konstellation, die rechts von ihr liegt, die linke wird schwächer. Die Karte unter dem *Kreuz* spricht von Vererbung oder/und Bestimmung und gehört zum Menschen für dieses Leben.

Die Deutungstexte orientieren sich an der Lage der Kreuzkarte. Wo kommt sie zu liegen?

a) Ein unklares Herzleiden schränkt seit Jahren die Bewegungsfreiheit ein.

b) Die Unsicherheit in der Liebe zu einem jungen Mann wird täglich stärker.

c) Die Diskussion über das Bedürfnis bezüglich Beheimatung und Zugehörigkeit ist notwendig, die unterschiedlichen Wohnbedürfnisse zu klären.

Aufgabe 6

Der *Sarg* steht für den allem zugrunde liegenden Prozess des Lebens vom Vergehen zum Werden. Etwas geht zu Ende. Erst dann entsteht Neues. Diese Karte kann ein notwendiges »Nein« darstellen, das sich beispielsweise in Krankheit äußern kann, oder sie zeigt einen Verlust an und fordert damit ein Innehalten des Menschen.

Die Karte des *Sarges* erzählt ebenso wie andere Karten je nach Lage Unterschiedliches. Wenn der Sarg links liegt, heißt das, dass Schwächendes zunimmt, liegt die Karte rechts, so nimmt Schwächendes ab. Liegt sie oben, weist sie auf eine Belastung hin. Welchen Raum nimmt sich die Karte des *Sarges* bei folgenden Formulierungen?

a) Alles spricht für einen persönlichen Neuanfang. Nur der Mut fehlt.

b) Vorhersehbare Beendigung der beruflichen Laufbahn.

c) Eine lebensverneinende Einstellung verhindert berufliches Fortkommen.

Natürlich können Sie in dieser Weise letztlich mit allen Karten verfahren und üben. Somit können Sie Ihre Kenntnisse in kleinen Einheiten auf der Ebene der unterschiedlichen Positionen testen, um weitere Deutungsmöglichkeiten zu entdecken.

24
28
14
1
19
M

Die verschiedenen Legungen

Hühner legen Eier, Elektriker Leitungen und Ärzte Bypässe. Legen scheint mit Form und Richtung zu tun zu haben, die zu einer gewünschten Funktion führen.

Genau so verhält es sich bei den Karten. Viele Menschen vor mir haben Formen und Richtungen entwickelt, wie Lenormandkarten am besten zueinander gelegt werden, damit sie zu einer sinnvollen Aussage führen. Zweier- und Dreierlegungen haben Sie bereits kennengelernt. Weil kurze Fragen kurze Antworten lieben, beginnen die vor Ihnen liegenden Seiten mit der aussagestarken Deutung einer Viererlegung und einer Legung im Kreuz. Schließlich stelle ich Ihnen auch die von mir geliebte 4er/5er/9er-Legung mit verschiedenen Varianten vor.

Die eigentliche Lenormandlegung bildet im letzten Kapitel den krönenden Abschluss.

Welche Legemethode Sie wählen, hängt von der Zeit ab, die Sie haben, von Ihrer Frage, von Ihrem Können und von Ihrer Vorliebe.

Vorbereitung

Ich liebe es, meine Karten auf einem Stoffuntergrund auszubreiten, weil sie darauf ohne zu rutschen oder aneinander hängenzubleiben leicht zu bewegen sind. Insofern breite ich als Erstes mein rotes oder schwarzes Kartenlegetuch aus und gestalte mir damit inneren und äußeren Raum für das kommende Tun. Ob zu Ihrem Ritual Kerzen, Düfte, Musik oder Ähnliches gehören, ist Geschmackssache. Wichtig ist, dass Sie genug Zeit haben und nicht gestört werden.

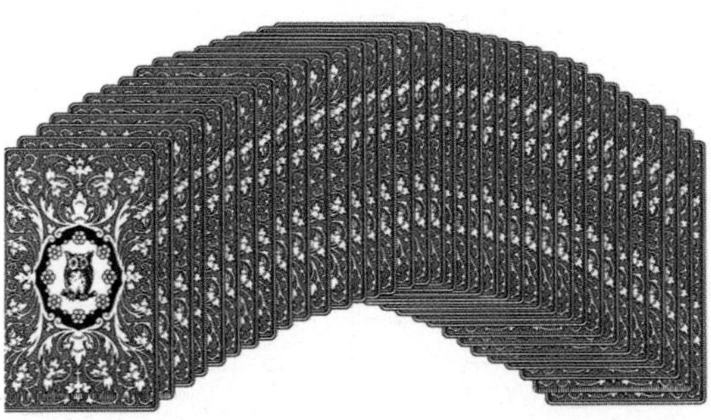

Ich verwende zwei Lenormanddecks der »Blauen Eule«. Das eine sind meine ganz persönlichen Karten, die ich ausschließlich für mich lege, und das zweite verwende ich in der Arbeit mit anderen. Beide Decks bewahre ich in schönen kleinen Schachteln auf.

Sobald die Frage eindeutig ist, werden die Karten von der fragestellenden Person in der Konzentration auf das gefundene Thema gemischt und für alle kleinen Legungen verdeckt als Fächer ausgebreitet. Für die große Lenormandlegung gilt ein anderes System, das Sie später beschrieben finden.

Ziehen Sie bzw. der oder die Fragende je nach Legeart nun eine oder mehrere Karten mit der Hand aus dem Fächer heraus. Mit welcher Hand Sie ziehen, bleibt Ihnen überlassen. Sie sollten sich dabei gut fühlen. Sie entscheiden auch, ob Sie lieber mit geschlossenen Augen über den Kartenfächer streichen oder gezielt die eine und die andere Karte mit offenen Augen auswählen. Ich habe schon interessante Situationen erlebt, dass gerade die eine Karte, die beim Mischen aus dem Deck fiel, die wesentliche Antwort parat hatte, oder andere ganz schnell und gezielt eine Karte aus dem ganzen Stapel nehmen, die besser nicht hätte antworten können. Insofern können Sie darauf vertrauen, dass die Art, die Ihnen entspricht, auch die richtige ist.

Ob die gezogenen Karten sofort aufgedeckt werden oder erst nach und nach, finden Sie bei den jeweiligen Legemethoden entsprechend beschrieben. Es gibt einige Legemuster, bei denen die Karten klar definierte Plätze haben, was der Antwortfindung Richtung gibt, und andere, die sich aufgrund der Kombinationen erklären.

Sollten Sie die Aussage einer Karte einmal nicht verstehen oder für undeutbar halten, gibt es verschiedene Möglichkeiten. Als Erstes können Sie bei den Einzelkartentexten nachlesen und sich von meinen Texten anregen lassen. Eine zusätzlich gezogene Verständniskarte kann womöglich die erste erklären. Des Weiteren ist es möglich, dass Sie die Summe dieser beiden Karten zusammenzählen (Kapitel Quersumme) und die daraus resultierende Karte als Antwort nehmen.

Wenn diese Wege kein befriedigendes Ergebnis erzielen, ist für den Moment genug gefragt. Es gibt für diese Frage zum angezeigten Zeitpunkt keine Antwort.

Menschsein auf dieser Erde – Legungen im Kreuz

Diese Art der Kartenkombination empfinde ich als sehr anrührend. Stellt sie doch schon allein durch ihre Anordnung das Symbol des Menschen dar, ausgespannt im Irdischen, in der Dualität und zwischen Himmel und Erde, in schlichter Weise das Abbild von Lenoardo da Vincis Zeichnung des Menschen, eingeschrieben in einen Kreis.

Weiter unten finden Sie die Grafik, deren Begriffe Sie für das Auslegen der fünf Karten benutzen. Ziehen Sie die Karten aus dem Kartenfächer und legen Sie diese wie gewohnt mit der Rückseite nach oben auf den jeweiligen Platz. Es wird zuerst die mittlere Karte umgedreht und gedeutet und anschließend den zugeordneten Zahlen nach immer die jeweils nächste.

Zum Aufdecken gibt es unterschiedliche Meinungen. Zum einen ist es sinnvoll, alle Karten einer kleinen Legung mit der Darstellung sofort sichtbar auszulegen, denn die Kombinationen der Karten sind von Beginn an deutlich und handhabbar. Bei der großen Lenormandlegung werden ohnedies alle 36 Karten offen ausgelegt. Ich selber bevorzuge es jedoch, eine um die andere Karte aufzudecken. Die Konzentration auf eine Aussage erlebe ich als kostbar und effizient, selbst wenn sie sich aufgrund der Folgekarten wieder verändert. Dies können Sie im nächsten Kapitel am Beispiel von Gabrieles Legung zu Berufsfragen nachvollziehen. Die Interpretation einer Legung wirkt in diesem Fall wie das Leben selbst, sie entwickelt sich und manche zuvor aufgestellte These braucht eine Modifizierung. Das ist allemal und immer wieder neu spannend!

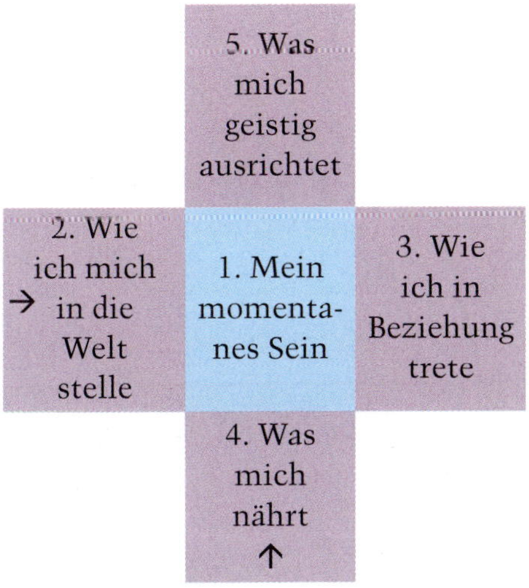

Horizontal geht es um das, was mich in meinem Selbstbild und mit der Welt und den Menschen verbindet, was mich an sie bindet. Vertikal zeigen die Karten die Aufrichtekräfte, die mich energetisch unabhängig von meiner Umwelt machen und die mein momentanes Sein ganz zeigen bzw. die deutlich machen, was mich hindert, es zu zeigen.

Ein Jugendlicher kam einmal bei mir ganz lässig vorbei und wollte einfach etwas über seine Zukunft wissen, ohne eine konkrete Frage zu haben.

Die mittlere Karte des Sargs zeigt seine Trauer. Er ist am Ende (*Sarg*) seines »Lateins«, denn seine Großzügigkeit (*Bär*), mit der er sich Freundschaften

(*Hund*) erkauft (*Fische*) hat, wurde bisher weidlich ausgenutzt. Tiefe Verletzungen (*Sarg, Mäuse*) blieben zurück. Diese graben ihm den Boden ab (*Mäuse*), seine diesbezügliche Unsicherheit (*Mäuse*) weiß sich keinen Rat, kennt nur Angebot, freimütiges Nutzen desselben und Verlust.

Die Karten zeigen sein weites, offenes und weiches Wesen (*Hund*) sehr deutlich. Er ist von Natur aus ein guter Freund (*Hund* auf der Ich-Seite), seiner Persönlichkeit wohnt Großzügigkeit (*Bär* beim Du) und die Freude, mit anderen zu teilen, inne (*Fische* dort, wo er hin will). Das Muster des Verlustes (*Mäuse* im Keller, unter der Zentrumskarte) ist tief in ihn eingegraben, so dass er nur geben zu kennen scheint, um zu verlieren. Dieser Verlusterfahrung und dem damit verbundenen Schmerz, egal was er den nährenden Menschen seiner Kindheit an Zuneigung anbot, heißt es auf die Spur zu kommen. Wenn er mit Bewusstheit die Energie befreien kann, die bisher von den Schmerzen dieser Verlusterfahrung gefressen wird, kann er aus diesem Muster aussteigen und Menschen als Gegenüber finden, die sich ihrer selbst ebenso bewusst sind, und die wie er geben, weil sie im Überfluss leben, ob materiell oder energetisch. Sie erkennen die Schönheit seiner Seele und stellen die ihre dazu.

Nach dieser Interpretation waren wir beide äußerst berührt. Mich hat sie noch lange begleitet, denn dass ein so leger moderner Jugendlicher seine Oberfläche sofort zur Seite schiebt und die Worte seiner Seele hören kann, war sehr beglückend.

Eine halbe Stunde zuvor war ein ebenso junger Mensch mit der Frage erschienen, wie es denn dieses Jahr in der Schule laufen würde. Es war sein letztes Jahr vor dem Abschluss und deswegen besonders wichtig.

Als er gleich zu Beginn die Karte der Dame mittig legte, bestätigte er meine Frage, dass er eine Lehrerin als Klassenbegleiterin habe für dieses letzte Jahr.

Hier lasse ich die Karten sprechen: »Zeige dich ganz (*Dame*). Erinnere dich an das, was du bisher gelernt hast, nütze deine Ressourcen (*Dame*) und glaube an den Erfolg (*Mond*). Gehe der Sonne entgegen, stelle dich ins Licht (*Dame*). Nimm alles, was dir angeboten wird, und sei offen für die Möglichkeiten, die diese Lehrerin dir bietet (*Schiff*). Diese Haltung (*Dame*), dein angestrebtes Ziel

(*Schiff*), einen guten Abschluss (*Mond*) zu erarbeiten, zu erreichen, wird dir den Rücken stärken (*Ring*) und dir den Wert alles bisher Gelernten bewusst machen (*Ring*). Wiederhole Nötiges (*Ring*) und sei bei allem ganz authentisch (*Haus*). Egal, wie deine Kameraden ihr Lernen gestalten, nähre du dich an deiner Individualität, lass sie dir Fundament sein, nimm dir Raum (*Haus, Mond*). Zeige nach außen, was dir innerlich wichtig ist (*Haus*). Achte deine persönliche Empfänglichkeit, deine Gefühle und deine Bedürfnisse (*Dame, Mond*). Sie nähren dich (*Mond, Haus*). Vertraue ihnen (*Schiff, Mond*). In deinem Wesen sind empfangende Anteile stark ausgeprägt (*Mond, Dame*). Nutze die Energien der Zeit, setze deine lernwilligen Segel in den für dich günstigsten Wind und vertraue deiner inneren Ausrichtung (*Schiff*). Der Abschluss wird dir gelingen (*Schiff*).«

Aufgabe 1

Besorgt fragen die Eltern von Katja nach dem Wohlergehen ihrer Tochter. Was können Sie aus dem Kartenbild erkennen? Katjas Eltern wählten zuvor als Signifikator die Karte des Kindes.

Quersumme:

Anbauen – Leben entwickeln

Die vorige Legemethode des Kreuzes bringt in kurzer Zeit die Antwort auf eine Frage auf den Punkt. Durch die hohe Intensität ergeben sich während des »Antwortens« häufig neue Fragen. So finden Sie nun noch einige Hinweise für das »Anbauen« von Karten an eine Legung. Diese Art der Erweiterung funktioniert letztlich bei allen Arten von Legesystemen.

Beim Kartenlegen kommt es immer wieder einmal vor, dass eine Karte dazu aufzufordern scheint, noch weiter zu fragen. Diesem Impuls gebe ich gern nach und durch weiteres Ziehen und Anlegen einzelner Karten kann sich die Aussage weiterentwickeln. Hier empfehle ich Ihnen, nach mehr als etwa drei Zusatzkarten die Legung zu beenden. Denn sonst hätten Sie ja von vornherein eine größere Legung wählen können. Die Grenze zu finden, wann genug gefragt ist, ist ein Zeichen von Vertrauen in sich selbst, in die Welt und die kosmischen Kräfte.

Die einfachste Art, sich die Aussage einer Legung deutlicher erschließen zu wollen, ist das Ziehen einer zusätzlichen Verständniskarte. Doch wenn sich beispielsweise im »Kreuz« ein Thema auftut, das Sie genau dort hinführt, um was Sie noch gar nicht wussten, fädeln Sie einfach wie eine Perlenkette Karten wie »Perlen« auf, bis die Antwort »satt« ist. Ob dies endlos sein wird?

Ich erlebe das Anbauen häufig und es braucht in der Regel höchstens drei weitere Karten. Die Offenheit des Kartenbildes sucht den »Griff«, um zu »begreifen«. Und der zeigt sich rasch. Wenn das Kartenbild dann immer noch keine zufriedenstellende Antwort bietet, ist das Offenbleiben die Antwort. Dann gibt es im Moment nichts zu tun.

Gabrieles Frage: »Wie geht es weiter im Beruf?«
Wir bauten die Legung systematisch im Kreuz auf, und zwar in einer Art, die ich ebenfalls sehr schätze. Ich lasse nur eine Karte – die Mittelkarte – mit der bereits weiter oben beschriebenen Definition ziehen. Sie wird gleich offen aufgelegt und von mir oder gemeinsam interpretiert. Anschließend verfahre ich mit jeder weiteren Karte ebenso: Position zwei ziehen, offen auslegen, Einzeldeutung, Kombinationsdeutung usw. In diesem Fall haben sich weitere Fragen ergeben. Ich blieb dem Kreuz und dessen Textvorgaben treu, auch beim Anbauen weiterer Karten. Grundsätzlich wird an die Karte, die eine weitere Frage aufwirft oder Offenheit hinterlässt, die nächste Karte angebaut. Diagonales Anbauen ergibt sich, wenn die Ebenen weiter führen und dies kann jede nur für sich und die jeweilige Legung ganz speziell tun.

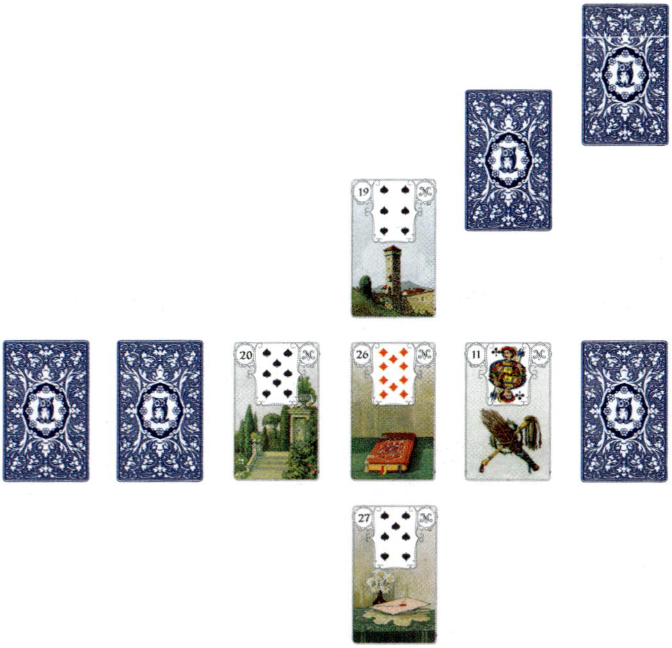

Manches Mal entsteht aus der einen Legung eine zweite. Die in diesem Zusammenhang gezogenen Karten lege ich separat als zweites Kartenbild. Die dazu nötigen Karten werden aus dem bereits gemischten und benutzten Kartenfächer gezogen.

Doch jetzt zu Gabrieles Frage: »Wie geht es weiter im Beruf?« Das Buch als Mittelkarte zeigt, dass sie dies gerade nicht weiß. Die momentane Arbeit strengt sie sehr an, vor allen Dingen zwischenmenschlich (Du-Seite rechts). Und statt dass dieser Bereich ihr den Rücken stärkt, fühlt sie sich in der Arbeit von anderen eher in den Rücken gefallen. Da die *Ruten* an der Buchrückenseite liegen, scheint sich hier keine Veränderung abzuzeichnen. Zur linken Seite wird ihr großer Wunsch durch den *Park* angezeigt, all ihr in den letzten sechs Jahren erworbenes Können als Heilpraktikerin in die Öffentlichkeit zu bringen. Doch sie traut sich noch nicht. Der *Brief* am Ort ihres Fundaments, dessen, was sie trägt und nährt, erzählt von ihrer Hoffnung, auf diese berufliche Basis, doch momentan ist dieser Boden für sie noch zu dünn. Er ist ebenfalls verschlossen, wie das *Buch*, und unterstreicht ihr Nichtwissen. Als sich dann der *Turm* zeigt, spricht dies zum einen deutlich von der Kraft, mit der sie sich aufrichten, ihr Wissen und Können zeigen und sich beruflich selbstständig machen kann. Er unterstreicht jedoch auch auf der anderen Seite erneut den Verschluss von *Buch* und *Brief*.

Ab diesem Zeitpunkt entschied ich mich fürs Anbauen. Zuerst ging es um die rechte horizontale Seite. »Was wäre, wenn du dein Können in die Welt setzt, wenn du das tust, was du liebst?« (Ich-Seite links), fragte ich sie. Es zeigte sich der *Reiter*. Ja, sie hatte etwas zu den Menschen zu bringen, doch wie? Nun folgte der *Baum*. Als Gesundheitskarte schlechthin passte sie zu ihrem Heilberuf äußerst gut an diesen Platz. Doch in Kombination mit dem *Park* sprach der *Baum* zusätzlich deutliche Worte: »Solange du dich an der gesellschaftlichen Anerkennung orientierst (*Park*) und nichts von deinem in dir schlummernden Können weitergibst (*Buch/Brief*), trägst du weiterhin das *Kreuz* und die Last deiner momentanen Arbeitsstelle (rechte Karten). Trau dich, individuell zu sein (*Baum*) und einfach anzufangen. Die Wirkung deiner Energien will sichtbar werden, zu den Menschen kommen (*Reiter*) und sich entfalten (*Baum*).« »Und was ist, wenn ich mich wirklich traue?« Gabriele zog den *Klee* und legte ihn rechts oben dazu. Ich hatte diesen Platz für die Zukunft gewählt. »Das wäre dein Glück!« »Glücklich?« Sie zog die Karte der *Mäuse*, die diese Frage begleiten wollten. Traut sie sich den Verlust von Selbstzernagung zu? Traut sie sich einen »Alleingang« zu, den Verlust von sie einengender Zugehörigkeit? Traut sie sich sich selbst zu?

Klarheit und Zielfindung – Die original 4er/5er/9er-Legung

Diese Legeart bietet einen spannenden Überblick über die momentane Situation und beantwortet Fragen klar und oft in kurzer Zeit. Darüber hinaus bietet sich die Weiterführung über die neun Karten hinaus an, wenn die »Basislegung« neue Fragen gebiert.

Der nachfolgende Überblick zeigt die Bedeutung der einzelnen Positionen. Ziehen Sie die erste Karte mit dem Wissen, dass diese die Überschrift zu Ihrer Frage darstellen wird, und legen Sie sie verdeckt auf Position eins. Setzen Sie jede weitere Karte in Bezug zu dieser ersten. Die Eckkarten sind Ergänzungen und Erweiterungen und hier ohne spezielle Aufforderung.

Es wird wie gewohnt gemischt und im Fächer ausgelegt. Ziehen Sie alle neun Karten nacheinander, legen Sie die Karten auf die Positionen von 1 bis 5 und dann die restlichen Eckkarten verdeckt auf die jeweiligen Plätze. Ziehen Sie jede Karte im Bewusstsein der dem Platz, wo sie zu liegen kommen wird, zugeordneten Frage. Sobald Sie sich für alle neun entschieden haben, decken Sie die mittlere Karte auf und widmen sich ganz dieser Aussage. Sie ist die Grundlage Ihrer Frage, bildet diese konzentriert ab und gibt ihr damit Form und Richtung.

Anschließend stellen Sie die zweite Karte sowohl in Beziehung zur ersten Aussage wie auch in Bezug zur Frage. Merken Sie, wie vernetzt das Geflecht von Aussagen jetzt schon zu Beginn der Deutung wird?

Ob Ihnen die zweite Karte den Rücken stärkt oder ob Sie diesem Thema womöglich den Rücken zukehren, können Sie als Zusatzfrage stellen. Wenn Letzteres der Fall ist, wäre eine Blickwinkeländerung angesagt, denn die Integration verschiedener Aspekte unseres Lebens ist eine wesentliche Grundvoraussetzung, wenn wir uns als »ganzen« Menschen erfahren wollen. Und womöglich ist genau der Bereich, dem Sie den Rücken zuwenden, die Quelle, in der die Energie gebunden ist, die Sie als Antwort suchen.

Dasselbe gilt für die vierte Karte. Ist Ihnen Ihr Fundament bewusst und als Kraftquelle erschlossen oder treten Sie es mit Füßen?

Natürlich haben Sie vor dieser fragenden Überlegung dasjenige angeschaut, was Ihnen auf Platz drei in Bezug zur Entwicklung Ihres Themas zur Seite steht.

Sie sehen, allein die Positionen, auf denen die Karten zu liegen kommen, stellen eigene Fragen und weisen über das uns momentan Bewusste hinaus.

Sobald Sie die im Kreuz liegenden Karten gedeutet haben, decken Sie alle vier Eckkarten gleichzeitig auf. Jetzt bietet sich ein ganz neues Bild. Zum einen werden die ersten Aussagen waagerecht und senkrecht ergänzt, zum anderen bieten die Diagonalen weitere Deutungen.

Wenn Sie möchten, können Sie diese Vorgehensweise ändern und in den waagerecht liegenden Karten die Gegenwart suchen, unten das Nährende oder Vergangene und oben die gedankliche Ebene. Die Diagonalen erzählen von der Bewegung, die sich aus der Situation ergeben wird und in die Zukunft führt.

Hans kam mit der Frage: »Warum hat es 18 Jahre lang gedauert, bis ich mich von Maria verabschieden konnte?« Vor 18 Jahren war er bei seiner Familie – seiner Frau Maria und den gemeinsamen Kindern – ausgezogen und konnte sich erst jetzt innerlich verabschieden. Wie oben beschrieben, legte er alle Karten verdeckt auf und öffnete als Erstes die Karte in der Mitte. Gerade bei dieser Legung zeigte sich wieder, wie gut und erhellend es ist, die Karten einzeln aufzudecken. Zwar konnte ich nicht gleich zu Beginn mit Kombinieren anfangen, weil kein Gesamtbild vor mir lag, doch die Konzentration auf das, was jede einzelne Karte zu sagen hatte, war enorm. Die Erzählungen und die eigenen Assoziationen des Fragestellers zu jeder neu aufgedeckten Karte hatten viel Raum und komplettierten die antwortende »Geschichte« so, dass der vergangene Lebensabschnitt sehr lebendig wurde und auch ich ihn innerlich gut nachvollziehen konnte.

Als Hans die erste Karte als »Konzentrat« seiner Frage aufdeckte und die *Ruten* sah, waren sie für ihn das Symbol der Selbstbestrafung in diesem Kontext schlechthin. Die ganzen Jahre hatte er sich seiner ersten Frau gegenüber nie wirklich frei gefühlt, wie wenn er den Preis für seine Freiheit zu bezahlen gehabt hätte im Verhältnis dazu, was es sie gekostet hat. »Ich füge mir mit Schuldgefühlen Leid zu, dieses schwächt mich und darin erhoffe ich Erlösung und Freisprechung vom anderen«, waren seine Worte. *Die Ruten* sprechen davon, dass es jetzt darum geht, zwei verschiedene Sichtweisen gleich gültig nebeneinander stehen lassen zu können, die Herausforderung anzunehmen, sich damit auseinanderzusetzen.

Seinen Gefühlen (*Herz*) drehte er viele Jahre den Rücken zu, denn wären sie ihm voll bewusst gewesen, hätte er schon viel früher sagen können: »Ich gehe. Mein Herz ruft mich«, und sich der Herausforderung eines Abschieds stellen können. Dann wäre auch die Selbstbestrafung unnötig gewesen. So jedoch war sein Herz jedoch gebunden.

Wenn die *Eulen* bisher meinten: »Es kann nicht sein, was nicht sein darf,« wollen sie nun Klarheit in die eigene »Nacht« der inneren geistigen Überzeugungen bringen. Diese Karte will ihm bewusst machen, wozu ihm die Aufrechterhaltung der Selbstbestrafung, die ihm häufig Stress und Unruhe beschert hatte, nützte. *Die Eulen* wollen den Blick auf das Heute lenken, auf den Augenblick. Sie fragen in Hans' Fall auch sein inneres Bild von Partnerschaftlichkeit und Gleichwertigkeit an.

»Schuld« war der spontane Begriff, den das Bild der *Schlange* bei ihm auslöste, Sünde, Sühne. Er fühlte sich durch seine Tat schuldig und dafür pflegte er die Selbstbestrafung. Diese nährte sein Verhalten.

Hans besitzt eine geistige Sicherheit (*Anker* auf Platz 5), von der er oft selbst nicht weiß, woher sie kommt, doch innerhalb dieser Legung versinnbildlicht der *Anker* das Festhalten an einem inneren Muster. So blieben Tabus unberührt, er konnte sich selbst schuldig sprechen und band damit seine Energien (*Schlange*).

Der Zyklus von 18 Jahren erinnert mich als Astrologin natürlich auch an den Umlauf des Mondknotens, der zum Zeitpunkt der Legung direkt auf Hans' Jupiter am MC (Medium Coeli, äußeres Lebensziel) stand. Dieses äußere Lebensziel, sich der Gesellschaft mit all seinem Können zur Verfügung zu stellen, hatte 18 Jahre lang Wesentliches geübt: In unzähligen Erfahrungen konnten seine ihm unbewussten Glaubensbilder die Wirksamkeit von Selbstbestrafung und Schuld erleben. Er blieb Gefangener seiner eigenen Freiheit. So gründlich hatte sich seine Seele diese Übung vorgenommen.

Nun geht es darum, dass Hans seine Gefühle als rückenstärkende Kraft und damit seine eigenen weiblichen Anteile kennenlernt (*Herz*) und sich ganz der hohen Energie (*Schlange*) seines Herzens (*Herz*) »verschreibt«. Darin richtet er sich auf in voller authentischer Größe, sichtbar für alle und weiß um Häutung und Wachstum (*Schlange*). Auf seine geistige Heimat kann er sich weiterhin verlassen, doch beizeiten und im Rhythmus der Gezeiten den *Anker* lichten, wenn die Reise weitergehen soll, ohne an vertrauten Systemen festzuhalten.

Als Hans die Eckkarten gleichzeitig aufdeckte, freute er sich an der Leichtigkeit und Beweglichkeit, die ihm in allen vier entgegenkam. »Verlasse das bisherige Muster (*Reiter*), lichte den darin ruhenden geistigen Anker (*Anker*) und finde das alltägliche Glück (*Klee*) am Wegesrand des Unterwegsseins. Bringe das Wissen um die unterschiedlichen Blickwinkel (*Ruten*) in die Welt (*Reiter*), ohne wissen zu müssen, wohin dich dein Weg führen wird (*Brief*). Die befreiende Erkenntnis in Bezug zu Härte und Enge bezüglich Selbstbestrafung und Bindung (*Ruten*) werden dein Herz erblühen lassen (*Herz*). Sei bis in den Grund deines Herzens wahrhaftig (*Herz/Schlange*) und sei mit deinem ganzen Sein ein Teil des Großen Ganzen (*Fische*). Lebe und zeige deine dir zugrunde liegenden Energien ganz authentisch (*Schlange*), deine Gefühle und Bedürfnisse stärken dich (*Herz*). Setze dich mit der Welt, wie sie sich dir zeigt, auseinander (*Ruten*).«

Die fünf mittleren Karten des Kreuzes weisen auf das hin, wie Hans sich in die Welt stellt und als Mensch sich in dieser ausspannt. Die Horizontkarten zeigen links das Ich und rechts das Du, entsprechend einer Horoskopzeichnung.

So weisen die *Eulen* auf das Vermögen hin, achtsam und weise mit der Person Hans umzugehen, um in Begegnungen mit ganzem Herzen und auf gleicher Ebene wie das Gegenüber anwesend sein zu können. Die Kraftquelle liegt in ihm selber (*Schlange*), sie speist sich hier nicht mehr aus zwischenmenschlichen Abläufen. Seine Energie bezieht er aus dem vitalen Strom des Lebens, der sich von der Enge der Schuld befreit, fließend Bahn bricht und Wachstum und Entwicklung als natürliches Gut erkennt (*Schlange*). In dieser Sicherheit, voll im Lebensstrom zu stehen, kann er sich innerlich zur vollen Größe aufrichten (*Schlange*). Damit fordert und fördert (*Ruten*) er sich und andere und wird selbst zur Orientierung (*Anker*).

Die Quersumme von seinen fünf Kreuzkarten ist 17, die Karte der Störche, die der Eckkarten 28, die Karte des Herrn, und die Karte der Blumen ergibt die Quersumme aller 9 Karten. »Wechsle jetzt die Ebene, dein Leben zu betrachten und zu gestalten (*Störche*). Verstehe dein Mensch- und Mann-Sein (*Herr*) als kreatives und vielgestaltiges Geschenk des Lebens und schenke dich selbst wiederum dem Leben (*Blumen*).«

Dieses ausführliche Beispiel verlangt natürlich nach einer Übung. Hier schließt sich also wieder eine Aufgabe an, für welche die folgende Grafik die Deutungsgrundlage bietet.

Aufgabe 1
Margarete ist beruflich selbstständig. Die Erweiterung und die Entwicklung ihrer Unabhängigkeit stehen im Moment an. Was sagen die Karten dazu?

Quersummen:
Kreuz:
Eckkarten:
Diagonalen:
Quersumme gesamt:

Das Große Blatt – Ein Vorgeschmack aufs Finale

Inzwischen kennen Sie die Welt der Madame Lenormand schon auf so vielen Ebenen, dass Sie nun mit der großen Legung die Synthese all Ihres bisher Geübten wagen können. Sie werden sehen, welch neue Facetten sich auftun, indem Sie nunmehr die vielfältigen Wissensstränge zu einem großen Lenormand-Tuch weben.

Um bei der Vielzahl der Möglichkeiten mit 36 Karten die Übersicht zu behalten, bietet es sich an, zuerst einmal einen typischen Ausschnitt innerhalb des Großen Blattes unter die Deutungslupe zu nehmen.

Die 9er-Kombination – Letztes Innehalten

Diese Kombinationsform und Anschauungsweise befähigt Sie grundlegend, unterschiedliche Interpretationsschritte souverän zu meistern. Die nachfolgenden Übungen stärken Ihre Fähigkeit, Aussagen in Beziehung setzen zu können und schulen aufgrund der Anordnung von neun Karten Ihr »lenormandisches« Denken. Die Übungen geben Ihnen ein brauchbares »Deutungs-Werkzeug« für die Bearbeitung einzelner Themen wie Fragen zu Beruf, Finanzen, Wohnen. Die beispielhaft demonstrierte Vorgehensweise ist typisch für die Lenormandlegung und wird bei jeder Einzelfrage im gesamten Deck angewendet. Die Leserichtung ist gegen den Uhrzeigersinn, beginnend bei der Karte, die rechts der Mittelkarte liegt.

Aufgabe 1

»Was für ein Mensch ist der Chef?«
Ordnen Sie jeder der acht Karten, die den Bär umgeben, eine Charaktereigenschaft zu.

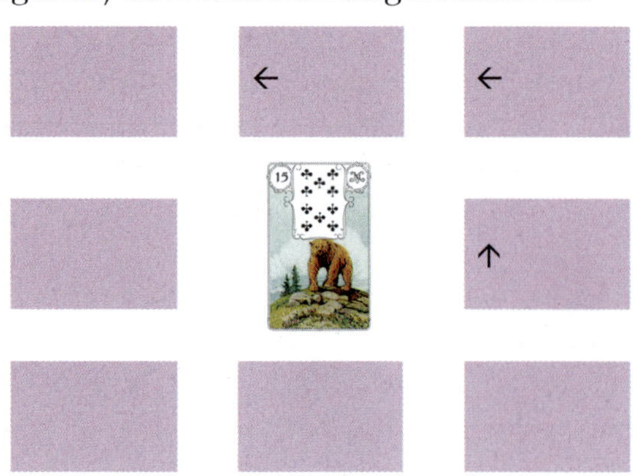

Aufgabe 2
Nun geht es weiter zu den Themenkarten. Sie erinnern sich?

»Welche Qualitäten müsste der Partner haben, den diese Frau lieben kann?«

Aufgabe 3
Finden Sie die Karten zur Deutung folgender Frage: »Welches Entwicklungsziel hat sich diese Person für ihr Menschsein vorgenommen?«

Beginnen Sie gegen den Uhrzeigersinn mit der Karte, die rechts vom Kreuz liegt.

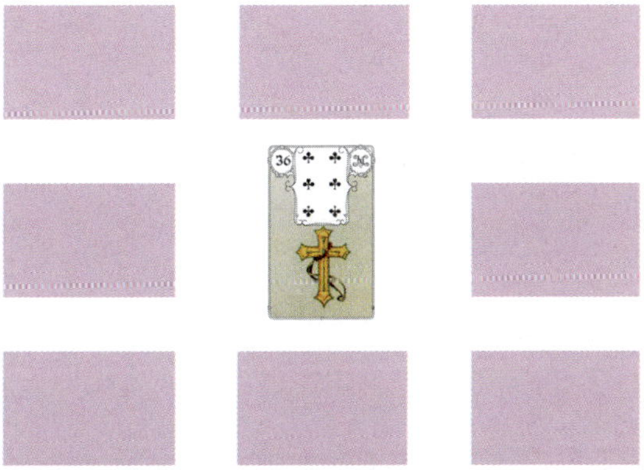

Deutung: Sobald sie sich ihrem spirituellen Urgrund zuwendet (…), wird sie bei allem, was sie tut, ganz mit dem Herzen dabei sein können (…). Sowohl die Zuwendung zum Spirituellen wie das Hören auf das Herz werden sie stärken und ihr zur Seite stehen. Diese Entwicklung fordert von ihr, dass sie sich zu jeder Zeit ihres Standpunktes (…) in der Ausrichtung auf ihr inneres Ziel bewusst sein soll. Unabhängig von geistigen oder emotionalen Bewegungen hat sie sich selbst treu zu bleiben, sobald sie erkennt, dass alles im Leben zwei Seiten hat (…). Diese Erkenntnis führt sie dahin, dass sie sich weder der ungeliebten sorgenvollen (…) noch der begehrten anerkannten Seite verpflichtet (…). Dies gelingt ihr Dank der Erfahrung, dass beide vergänglich sind (…). So kann sie sich selbst treu bleiben und sich an den kleinen Dingen des Alltags erfreuen (…) Mit den Jahren weiß sie um die Phasen von Wachstum und Reifung (…) und lernt, mit diesen Zyklen konstruktiv umzugehen. Unverarbeitete Erlebnisse nagen so lange an ihr (…), bis sie diese als ihr zugehörig anerkennt, annimmt und integriert. Diese Erfahrungen lassen ihre Authentizität für ihre Umwelt mehr und mehr sichtbar werden. (…).

Beziehungen – was verbindet, was trennt?

In gleicher Weise wie oben geübt, werden auch die Personenkarten im Großen Blatt gedeutet. Viele Menschen stellen Fragen bezüglich einer bestehenden oder erhofften Partnerschaft. Hier gilt der erste Blick den beiden Karten von Dame (für eine Frau) und Herr (für einen Mann). Handelt es sich um gleichgeschlechtliche Beziehungen, gehört zur Dame die Schlange als Partnerin und zum Herrn der Reiter als Partner. In welchem Verhältnis liegen diese zwei Karten im Deck? Schauen sie sich aufgrund ihrer verschiedenen Blickrichtungen an und gehen aufeinander zu oder wenden sie sich voneinander ab? Geht jeder seine eigenen Wege? Wirken die eigenen Wege trennend oder bereichernd? Die Karten zwischen den Personenkarten weisen auf das hin, was zwischen ihnen liegt. Zudem kann jede von ihnen in einer der fünf Reihen zu liegen kommen, weiter oder näher voneinander entfernt. Grundsätzlich ist die Entfernung der zwei Karten voneinander als Symbol für die Distanz zu werten, die zwischen dem Paar liegt bzw. zeigt sie an, wie fortgeschritten eine erhoffte Annäherung mit einer Person schon ist.

Schritt für Schritt zum großen Wurf – Die große Lenormandlegung

Letztlich bildet die große Legung lediglich ein gekonnt komponiertes »Menü« aus den Ihnen bereits bekannten Kombinationen und Deutungsübungen.

Ich verwende in den folgenden Abbildungen und Erklärungen Abkürzungen: FS für FragestellerIn, PK für Personenkarte und Signif. für Signifikatoren. Auch werde ich zwischen die Anleitungen Ausschnitte aus der Beispiellegung von Anne (später komplett nachzulesen) dazustellen, damit die jeweilige Erläuterung anhand eines Beispieles anschaulich wird. (Anne stand kurz vor der Trennung von ihrem Ehemann.)

Beginnen Sie wie gewohnt mit dem Mischen der Karten und heben Sie von diesem Stapel mit der linken Hand zweimal ab. Legen sie die abgehobenen Karten jeweils rechts neben den ersten und zweiten Stapel, so dass drei kleine Kartenstapel verdeckt vor Ihnen zu liegen kommen. Drehen Sie alle drei Stapel um und deuten Sie die sich zeigenden Karten als Signifikatoren Ihrer Legung. Mit dieser Art der Kombination sind Sie inzwischen ja schon sehr vertraut. Diese erste Aussage stellt eine Art Überschrift dar, eine Übersicht, die schon gleich zu Beginn die Richtung der kommenden Geschichte benennt. Notieren Sie sich Ihre Signifikatoren. Wenn Sie mögen, können Sie aus diesen auch noch die Quersumme bilden und die ermittelte Karte als komprimierende Information dazunehmen.

Die Signifikatoren von Anne zeigen deutlich ihre Situation: »In die gesellschaftlich (*Park*) anerkannte Verbindung (*Ring*) kommt Bewegung. Ein Neubeginn steht

In der gleichen Reihenfolge, wie Sie die Stapel auseinandergenommen haben, legen Sie diese nun wieder aufeinander und das Auslegen aller 36 Karten kann beginnen. Es gibt verschiedene Meinungen dazu, von welcher Seite des Stapels das Auslegen begonnen wird. Ich kann Ihnen versichern, dass es so, wie Sie es tun, passt! Entscheiden Sie sich für eine Art und bleiben Sie dabei!

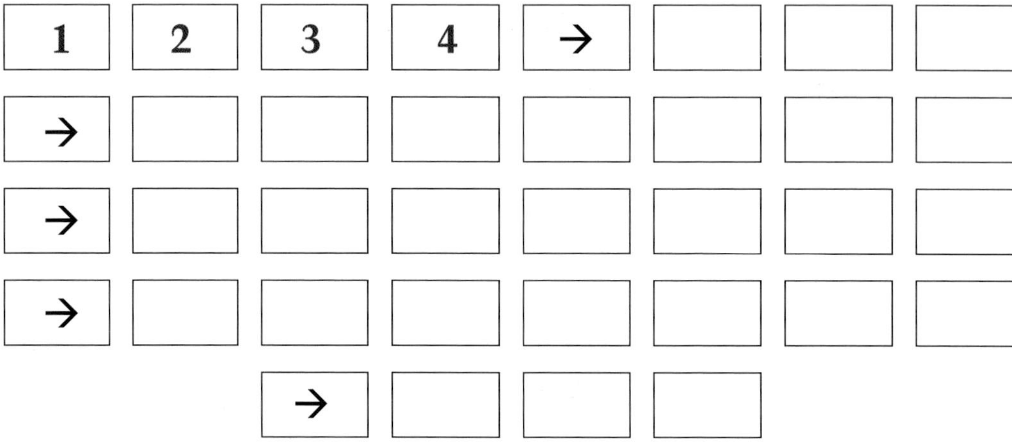

Legen Sie alle 36 Karten nach dem obigen Schema aus. Fangen Sie beispielsweise immer mit der auf dem Stapel oben verdeckt liegenden Karte auf Position eins an und legen Sie entsprechend der Darstellung von links nach rechts jeweils acht Karten in vier Reihen untereinander. Die letzten vier bilden die untere Mitte. Lassen Sie sich Zeit, um in Ruhe einen Überblick über die vor Ihnen liegende Vielfalt zu gewinnen.

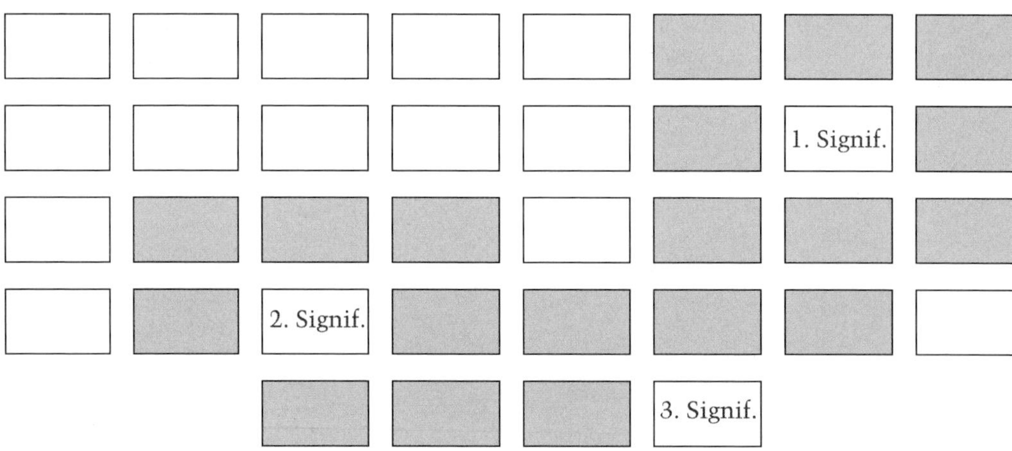

Wenn Sie möchten, schauen Sie als Erstes nach der Lage der Signifikatoren und welche Umgebung diese sich gewählt haben. Denn mit diesen drei Karten sind Sie ja bereits vertraut und kennen deren Aussage. Die diese nun umgebenden Karten verdeutlichen, differenzieren und erweitern die vorab getroffene Deutung. Diese Art, zuerst nach den Signifikatoren zu schauen, braucht Ihre persönliche Entscheidung. Meist wird der Beginn einer großen Blatt-Legung anders begonnen, und zwar mit dem von mir als zweiten vorgestellten Schritt.

Doch zuerst zeige ich Ihnen noch Annes gesamte Legung.

Annes Signifikatoren innerhalb des großen Blattes sind farbig umrandet.

Aufgabe 1
Finden Sie die Kombination von Annes Signifikatoren und der Karte, die als angestammtes Haus (siehe *Häuserdeutung*) an diesen Platz innerhalb der großen Legung gehört.

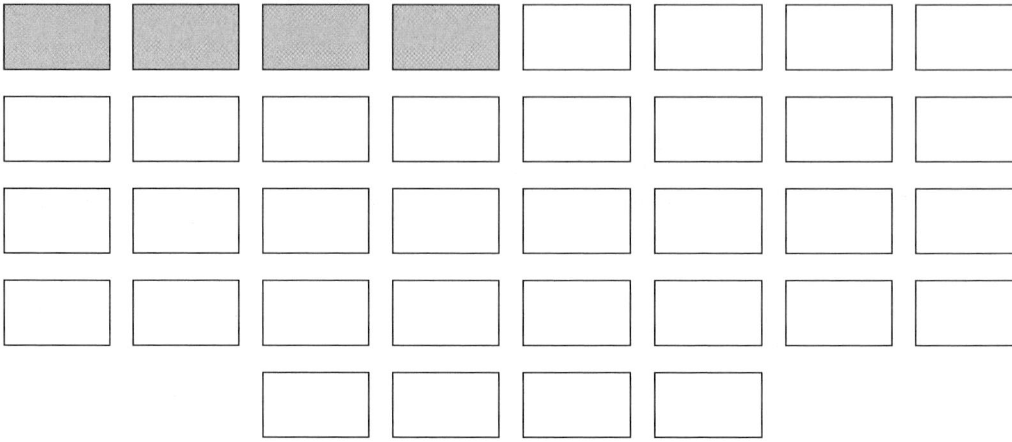

Nun beginnt die eigentliche Deutung: Die ersten vier Karten erzählen von dem, was gerade ist, um was es geht, wie sich die Situation für den Fragestellenden (FS) gerade zeigt. Erzählen Sie diese »Geschichte« in sich abgeschlossen und so rund, wie Sie es bereits in der Dreierlegung geübt haben.

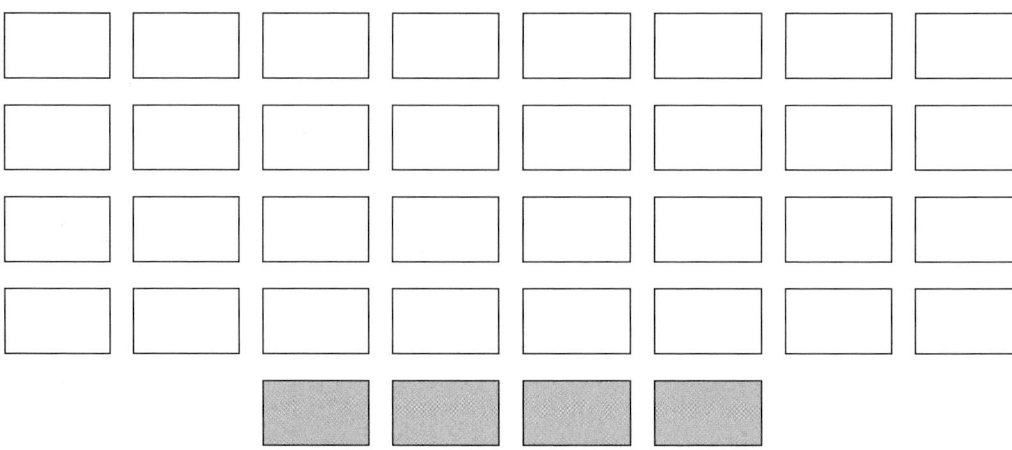

Es ist möglich, anschließend an diese Einführung die letzten vier Karten der gesamten Legung unten mittig zu konsultieren. Sie bilden die Essenz dessen, was ein über die Fragestellung hinausgehendes weiteres Thema sein wird. Manche KartenlegerInnen deuten diese letzten vier Karten ganz zum Schluss. Ich formuliere ihren Inhalt gern an dieser Stelle. Anfang und Ende sind eins. Das Dazwischenliegende entfaltet sich daraus, einer sich öffnenden Knospe gleich.

Hier zum besseren Verständnis Annes letzte vier Karten und damit verbunden eine Aufgabe.

Aufgabe 2: »Welches Thema wird Anne über die momentane Lebenssituation hinaus noch weiter begleiten?«

Die Fortsetzung der Deutung geht weiter über die vier Eckkarten. Diese stellen die tragenden Pfeiler, die Eckpunkte des Themas dar, um das es in dieser Legung geht. Sie bilden einen Rahmen und sie bieten Halt. Die Reihenfolge der Karten finden Sie oben eingezeichnet.

Nun ist es Zeit, nach der Personenkarte (PK) zu fragen. Ermitteln Sie diese. Für eine Frau suchen Sie die Karte der Dame (Nr. 29), für einen männlichen Fragesteller gilt die Karte des Herrn (Nr. 28). Beide haben unterschiedliche Blickrichtungen. Die Karten, die hinter der jeweiligen PK liegen, teilen Erlebnisse aus der Vergangenheit der jeweiligen Person mit, die davor zu liegen kommenden Karten berichten von dem, was direkt gegenwärtig vor ihr liegt, die über der PK liegenden Karten wissen von dem, was der Person zum angefragten Thema im Kopf herumgeht, was sie beschäftigt, und die unter der PK liegenden Karten verweisen auf die allem zugrunde liegende Basis. Ist sich die angefragte Person dieser Basis bewusst? Erlebt sie diese als tragend oder tritt sie sie mit Füßen?

Kommt eine Personenkarte am Rand einer Legung zu liegen, so dass in ihrer Blickrichtung keine weitere Karte erscheint, hat das, was direkt vor ihr liegt, zum jetzigen Zeitpunkt keine definierbare Form. Es bleibt in diesem Fall momentan »unnennbar«. Liegt dagegen eine Personenkarte im Spiel so am Rand der Legung, dass keine Karten in ihrem Rücken erscheinen, bringt diese Position die Klarheit, dass es in Bezug zur gestellten Frage nicht um Rückschau und Vergangenes geht, sondern um das Heute, um das vor der Persönlichkeit Liegende. Parallel dazu verhalten sich Positionen der FS am oberen oder unteren Rand der Auslegung. Egal, welche »Räume« um die Personenkarte herum frei bleiben, die Aussage ist jedes Mal dieselbe: zu diesen Bereichen ist jetzt keine Aussage zu machen, sie wollen ungeformt bleiben für die freie Entfaltung des Prozesses, in der sich die/der FS derzeit befindet. Insofern können zum einen der über der PK liegende geistige Raum oder die Basis gerade nichts zur Sache tun und wollen deswegen unanalysiert bleiben. Zum anderen kann die fehlende geistige Karte einen Hinweis auf notwendige Bewusstheit enthalten. Eine fehlende Basiskarte spricht von momentaner Verunsicherung, neu zu definierender Standortbestimmung oder von der Notwendigkeit, sich persönlich zu erden.

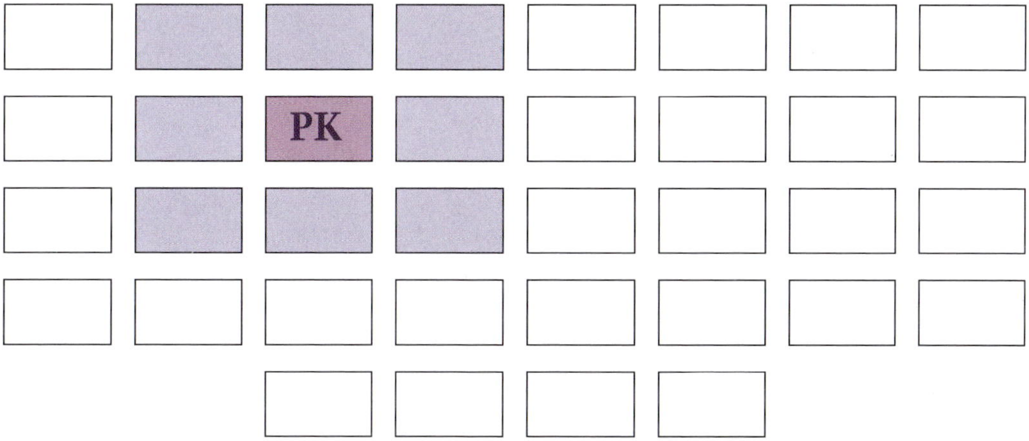

Die acht Karten, die die Personenkarte umgeben, beschreiben ihre Eigenschaften, ihr persönliches Umfeld und wie sie/er sich in das Leben stellt. Die detaillierte Anleitung kennen Sie ja schon von der 9er-Legung.

Aufgabe 3

Was für eine Frau ist Anne?

Auf diese Weise können Sie auch jeden anderen Bereich anfragen und aufschlüsseln, für den Sie sich interessieren. Wenn Sie nach einem Kind fragen, untersuchen Sie entsprechend die Karte des *Kindes*, bei Fragen nach dem Chef den *Bären*, die/der Geliebte zeigt sich gern in der *Schlange* und im *Reiter*, der Beruf im *Anker* und die Lage der Finanzen durch die *Fische*. Die Gesundheit finden Sie rund um die Karte des *Baumes*. Weitere Themen leiten Sie aus den Zuordnungen und Schlüsselworten der Karten ab. Sollten Sie einmal eine Frage beantworten wollen, zu der Sie keinen Signifikator finden können, wählen Sie eine zum Thema passend scheinende Abbildung aus und deuten Sie diese wie gewohnt. Sie werden erstaunt sein, wie gut deren Lage zur erlebten Situation passt.

Häufig wollen die Menschen wissen, wie es um ihre Beziehung bestellt ist, was uns dazu veranlasst, nach der Lage der Karte des *Herrn* zu schauen, wenn es sich um eine weibliche FS handelt, und umgekehrt nach der Lage der *Dame*, wenn es sich um einen männlichen FS handelt. Wir gehen bei den Aussagen zum Partner/zur Partnerin genauso vor wie bereits für die PK beschrieben und untersuchen die acht Umgebungskarten. Zusätzlich beachten wir die zwischen der *Dame* und dem *Herrn* liegenden Karten, halten fest, ob sie sich abwenden und eigene Wege gehen oder aufeinander zuzugehen scheinen. Wie viel Reihenabstand trennt sie? Wo liegt das *Herz*, wo der *Ring*?

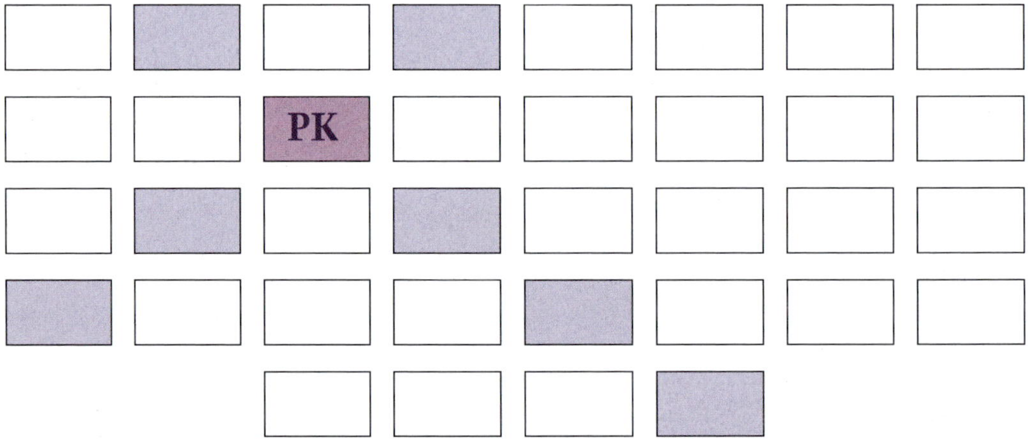

Die künftige Entwicklung zeigen die diagonal über die PK führenden Karten. Beginnen Sie mit Ihrer Deutung bei der oberen linken Karte und reihen Sie die diagonal dazu stehenden aneinander. Mit der von rechts oben nach links unten führenden Diagonalen verfahren Sie ebenso.

Sie haben alles, was Sie interessiert, betrachtet? Ich rate Ihnen, Ihre Übungen mit nur einem Aspekt zu beginnen, beispielsweise mit einer Themenkarte, damit der »rote Faden«, den diese Methode Ihnen an die Hand gibt, bei so zahlreichen Details durchgängig sichtbar bleibt.

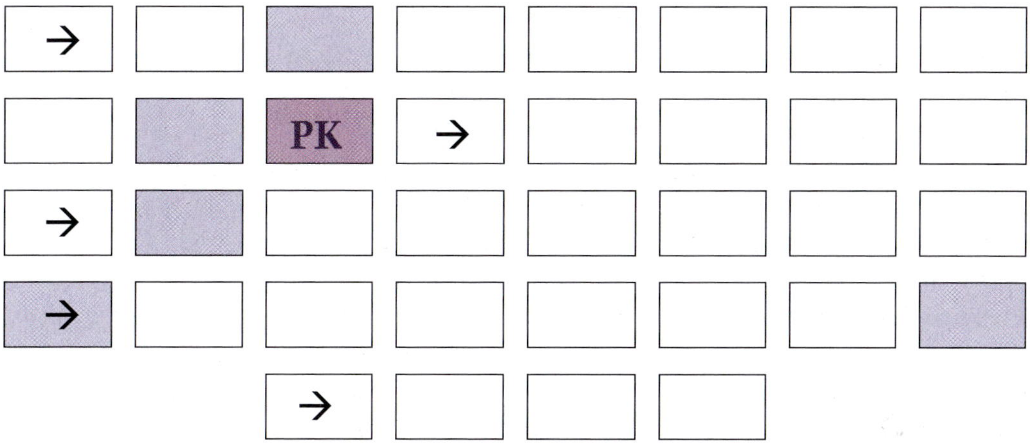

Zur Gesamtschau der großen Lenormandlegung gehören noch weitere Feinheiten. Die erste davon ist die Siebenerauszählung. Schieben Sie jede siebte Karte ab der Personenkarte in Schreibrichtung zählend von links nach rechts Reihe um Reihe zwei Zentimeter nach oben, so dass sie deutlich erkennbar als die fünf ausgezählten Karten ersichtlich sind. Egal, wo sich die Personenkarte befindet, beginnen Sie rechts von ihr mit dem Zählen. Sobald Sie in der untersten Reihe angekommen sind, zählen Sie in der ersten Reihe weiter. Aus diesen ausgewählten Karten können Sie die Zusammenfassung des Großen Blattes herauslesen. Nach dieser Interpretation legen Sie diese Karten wieder an die angestammte Position zurück. In der großen Beispiellegung können Sie Annes Zusammenfassung nachlesen.

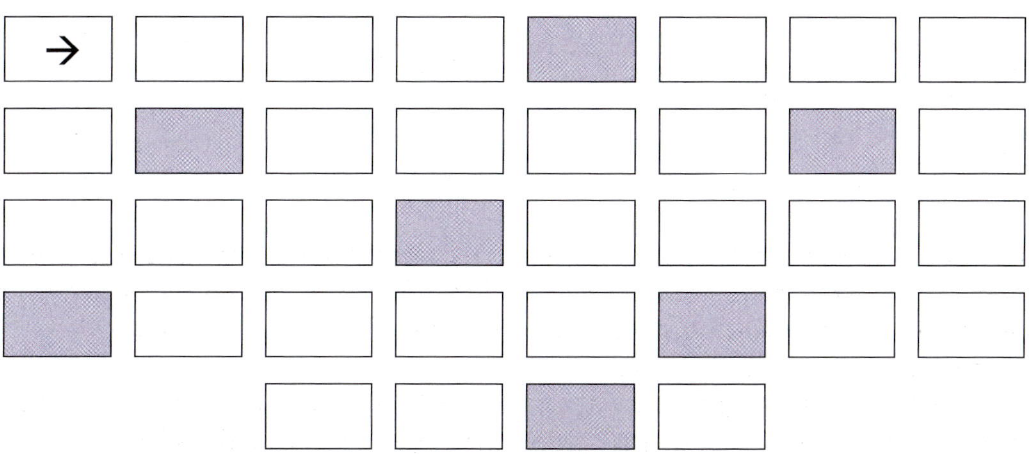

Eine weitere Verfeinerungen ist die Fünferauszählung. Unabhängig von der Lage einzelner Karten wird ab der ersten Karte oben links jede fünfte Karte aus dem Spiel ganz herausgenommen (siehe Seite 171).

Diese sieben Karten können Sie der Reihe nach, wie sie zuvor im Spiel lagen, unterhalb der Legung aneinanderreihen und als Quintessenz interpretieren.

Als weitere Komponente werden diese sieben Karten der Fünferauszählung im kleinen Stapel zusammengenommen, gemischt und verdeckt in die zuvor leer gewordenen Felder gelegt. Decken Sie die erste Karte auf, deuten Sie diese in Bezug zu den zuvor gemachten Aussagen und gehen Sie anschließend weiter zur zweiten usw. Sie erhalten so neue Aussagen, da die Karten auf anderen Positionen zu liegen kommen. Weitere Hinweise können sich ergeben, wenn eine Karte auf demselben Platz wie zuvor zu liegen kommt. Diese Neuordnung innerhalb der Gesamtlegung schafft noch einmal Klarheit und verstärkt oder differenziert zuvor gemachte Aussagen.

Entfernen Sie diese sieben Karten wieder aus dem Spiel für noch weiterführende Fragen. Legen Sie eine oder auch mehrere dieser nun zum zweiten Mal aus der Legung entfernten und gemischten Karten verdeckt zu den Bereichen der vor Ihnen liegenden Legung, die während der Deutung neue Fragen aufwarfen. Sie können alle sieben Karten verwenden oder nur so viele, wie Sie für Ihre letzten Fragen wünschen. Es passt auch, wenn Sie zu nur einer neuen Frage zwei oder drei aus diesen sieben Karten ziehen.

Zum guten Schluss

Ein zu Beginn des Lernens noch ein wenig schwierig erscheinendes »Schmankerl« an dieser Stelle. Sie sollten dafür das Häuserdeutungssystem verstanden haben – blättern Sie einfach vor und lesen Sie sich das Kapitel zur Häuserdeutung durch.

An diesem Punkt passt der »Rückblick« zu den unteren vier mittig liegenden Karten. Erinnern Sie sich noch einmal an die zuvor gemachte Aussage und ermitteln Sie jetzt die Quersumme dieser vier Karten. Wo liegt die daraus resultierende Karte in der Legung? Auf welchem Haus? Kombinieren Sie die Aussagen dieser beiden Karten. Und wo wäre das Heimathaus der Quersummenkarte? Welches Thema liegt dort? Es ist wirklich so, dass diese »rückwärtigen« Schritte noch einmal das, worum es geht und was die/den FS weiterhin bewegen wird, in überraschender Weise zusammenfasst.

Auch wenn diese Differenzierung im Moment noch sehr kompliziert wirkt, werden Sie, sobald Ihnen das Häusersystem als Deutungsebene vertrauter ist, automatisch diesen Blick entwickeln und anwenden, ohne Schritt für Schritt die einzelnen Faktoren mühsam zu erinnern.

Papier und Stift sind hilfreiche Begleiter einer solchen Arbeit und ermöglichen anschließend einerseits die Erinnerung an die wesentlichen Aussagen der Karten und andererseits auch die Überprüfung der gemachten Interpretation im realen Leben. Eine entsprechende Kopiervorlage finden Sie im Anhang.

Die Häuserdeutung

Alle Lenormandkarten haben eine natürliche Reihenfolge von 1 bis 36 – die Karten tragen links oben eine Nummer –, in der sie in vier Reihen zu je 8 Karten ausgelegt werden, die vier letzten Karten werden in der fünften Reihe mittig platziert. Dies ist die übliche Anordnung für die große und eigentliche Legung nach Madame Lenormand, außer dass die Karten dann zuvor gut gemischt wurden. Doch zu unserem Zweck der Häuserdeutung liegen sie alle der Reihe nach.

Es ist gut, sich den Originalplatz einer jeden Karte einzuprägen. Sie können hier eine Kopie zu Hilfe zu nehmen und neben Ihrer Legung zum Nachschauen bereithalten, um sie bei Bedarf zu konsultieren

Durch das Einbeziehen der Häuserdeutung erhalten Sie weitere Bezüge, was Ihnen wertvolle zusätzliche Hinweise geben kann. Wenn eine Karte in der großen Legung auf ihrem angestammten Heimathaus zu liegen kommt, verstärkt sich deren Aussage als Einzelkarte und färbt damit ihre Umgebungskarten deutlich ein. Die »Hauskarte« kann eine Schlüsselfunktion einnehmen. Womöglich zeigt sie auch ein Nebenthema (zum Thema der Karte, die auf diesem Platz liegt) an, das ansonsten leicht übersehen worden wäre oder sie formuliert die entscheidende Antwort, nach der Sie suchen. Wenn es sich um eine Karte handelt, nach deren Thema sowieso gefragt wurde, zeigt diese Verdoppelung die Bedeutung der Frage.

Probieren Sie also aus, ob Sie sich angewöhnen können, nach den Heimatkarten zu schauen, wenn Sie mit einer großen Legung arbeiten. Sie liegen sozusagen unter den Hauptthemenkarten, nach denen Sie fragen wollen. Wenn nun beispielsweise die Karte des *Hauses* auf dem Platz der *Störche* zu liegen kommt, können Sie leicht von Umzug, heimischen Veränderungen oder wie auch immer gearteten Unruhen zu Hause sprechen. Anschließend kommen dann wie gewohnt die umliegenden Karten zum Zug, die erzählen, in welcher Beziehung diese deutliche Heimatbewegung steht. Die zugrunde liegende Energie der Themenkarte, im Beispiel die *Störche*, weist Ihnen die Richtung, die Sie bei ihrer Interpretation gehen können.

Große Beispiellegung

»Welches Zeitfenster soll ich meinem Partner lassen?« Diese klare Frage bewegte Anne außerordentlich.

Vier Monate zuvor war ihr bewusst geworden, dass ihr Lebensmensch seit Langem eigene Wege ging. Mit ihrer klaren Entscheidung, sich aufgrund dieser

Situation zu trennen, hatte Annes Partner nicht gerechnet. Für Anne lag ihr Weg klar und wie vorformuliert vor ihr. Sie spürte eine stark beschleunigende Energie in sich, jetzt eigene Schritte zu tun. Ihr war jedoch zum jetzigen Zeitpunkt nicht klar, ob sie ihrem eigenen Tempo trauen sollte oder ob sie einen moderateren Takt mit Rücksicht auf ihren Partner einzuschlagen hatte.

Nach dem Mischen der Karten hob Anne zweimal ab und legte die Signifikatoren *Der Park*, *Der Ring* und *Die Störche*.

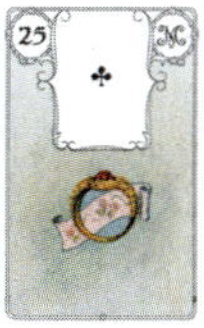

Anne hatte die Karten so schnell umgedreht, dass sie meine Erklärung, wie die Signifikatoren zu ermitteln sind, gar nicht beachtet hatte, und so kamen die obersten Karten der drei Stapel zum Vorschein anstatt der untersten. Sie hatte anstatt die drei Stapel umzudrehen nur die oberste Karte sichtbar gemacht. Dies erwähne ich deshalb, damit Sie sehen, dass so eine persönliche Note einfach dazugehören darf. Das ist der Ausdruck von Anne an diesem Nachmittag und der passt. Auch wenn ansonsten die Regeln für die Wahl der Signifikatoren gelten, wie sie auf Seite 163 beschrieben sind.

Und nun zur Deutung dieser drei Karten, die sich, einer Überschrift gleich, über die folgende Legung stellen.

»Das, was du über die Jahre gepflegt hast (*Park*) und was als Verbindung (*Ring*) öffentlich sichtbar und anerkannt war (*Park*), verändert sich (*Störche*). Du hast das äußerste Maß dessen, was in dieser Verbindung (*Ring*) möglich ist, erreicht, du bist in dieser Beziehung sozusagen am Ende der Fahnenstange (Kirchturmspitze auf der Karte der *Störche*) angelangt. Die Ebene, wohin dein Leben aufbricht, wandelt sich (*Störche*). Neues erwartet dich. Du befindest dich mitten im Umbruch und Aufbruch. Sei dir selbst treu (*Störche*).«

Nachdem die drei Kartenstapel wieder aufeinanderliegen, lege ich die einzelnen Karten in vier Achterreihen und einer Viererreihe zur großen Lenormandlegung aus.

Die ersten vier waagrechten Karten (*Wege*, *Schiff*, *Sense*, *Eulen*) beschreiben das Gegenwärtige, das direkt vor Anne liegt.

»Gehe neue Wege, entscheide dich (*Wege*) für deine eigene initiative Kraft, nutze die vorhandene Energie und setze die Segel deines Lebensschiffs voll in die Gunst dieser Zeitqualität (*Schiff*). Vertrau dich deiner eigenen Tiefe an (*Schiff*) und nimm das Ruder selbst in die Hand. Auch wenn du im Moment eine Pause brauchst (*Sense*), um Atem zu holen und zu entscheiden, was du mit dem in dir reif Gewordenen tust und wohin du dich damit wendest (*Sense*), so hast du doch das Vergangene bereits von seinen Wurzeln getrennt (*Sense*). Diese Situation, dass du dein Leben selbst zu steuern hast (*Schiff*), kam plötzlich (*Sense* links vom *Schiff*) und unerwartet. Sei dir über diese ungestüme Energie klar, die in dem Überraschenden liegt, und schärfe dein Bewusstsein, damit deine vor dir liegenden Taten nicht verletzen (*Sense*). Vertraue dich in diesem Prozess einer Vertrauten an (*Eulen*), die mit dir gemeinsam dem Heute, dem jetzt Sichtbaren entgegenschaut. Schaut gleichzeitig auf das, was du bisher unbeachtet gelassen hast (*Eulen*) und erkennt darin all das in dir unbeachtete Verletzte und Ungeliebte.«

Weiter geht es über die vier Eckkarten, die von der Qualität der momentanen Zeit reden (*Wege, Fuchs, Blumen, Buch*).

»Wenn du diesen ungewohnten Weg im Gewahrsein deiner Selbst gehst (*Fuchs*), schau dir an, was wann wo falsch lief, erkenne deine eigenen Anteile und integriere sie in deine Gesamtpersönlichkeit. Dank dieses Aktes befreit sich die darin verborgene und infolge dieses Lebensknotens sichtbar werdende (Haus des *Sarges*) kreative Energie (*Blumen*), die bisher in dir verschlossen war (*Buch*). Vertraue deinem (Haus des *Rings*) dir innewohnenden Lebensplan (*Buch*).«

Die unteren vier Karten weisen auf die Aufgabe hin, die sich in der Frage, die zu dieser Legung führte, verbirgt, eine Angelegenheit, die sich zeigen und die ergriffen werden will. Dieses Thema wird Anne noch weiter begleiten, unabhängig von der Antwort der Karten zu ihrer zu Beginn gestellten Frage. Es handelt sich um die Karten *Wolken, Klee, Kind* und *Störche.*

»Werde sichtbar (Hügel/Bäume auf der Wolkenkarte) und bleibe verwurzelt, egal, von welcher Seite die Lebensstürme wehen und wie sich das Leben gerade gestaltet. Auch wenn dein Alltag momentan undurchschaubar wirkt (*Wolken*), hat dein Sein Bestand, deine Flexibilität nimmt zu (Bäume auf der Wolkenkarte). Vertraue deiner inneren Sicherheit (Haus des *Schlüssels*). Das Heute (*Klee*) und deine Verbundenheit mit dem Großen Ganzen (*Kind*) nimmt zu, das Glück deines Seins gründet sich in Kreativität und in der Weisheit deines inneren Kindes (*Kind*). In der Rückverbindung zu deinen Wurzeln und in der Hinwendung zu dir (*Kind/Klee*) schließt du dich energetisch an den Strom des Lebens an (Haus der *Fische*). Verankere dich darin (Heimathaus *Anker*). In dieser Gewissheit kann der Aufbruch, das Heimatschaffen auf einer neuen Ebene beginnen (*Störche*). Die Nebel lichten sich (*Wolken*), du befreist dich mit dem Wechsel sozusagen selbst (*Störche*) und genau das gehört zu deinem Seelenplan (Haus des *Kreuzes*).«

Wir schauen jetzt nach der Karte der Fragestellerin (FS), nach der *Dame.* Die rechts der FS platzierten Karten erzählen von der Vergangenheit (*Anker, Herz, Fische, Lilien*), die Karten vor ihr von dem, was sie erwartet (*Sonne, Reiter, Hund*).

»Hinter der FS liegen Jahre (*Anker*), in der sie meist ausgeglichen und ausgleichend ihr Herz dem Beruf, den Finanzen und ihrem familiären Umfeld gewidmet hat (*Anker, Herz, Fische, Lilien*).

Ab jetzt geht es darum, dass sie ihr Leben voll bejaht (*Sonne*) und das Gewordene verlässt, um Neuland zu betreten (*Reiter*). Indem sie diesen eigenen Weg begeht, wird sie von der Energie des inneren Unterwegssein getragen (*Reiter*), und zwar dorthin, wo sie vom Leben schon vertrauensvoll erwartet wird (*Hund*).«

Nun deute ich die acht Karten rund um die FS, links beginnend (*Sonne, Ring, Schlange, Haus, Anker, Sarg, Ruten, Kreuz*):

»Um dieses volle Ja zum Leben (*Sonne*) mit Vitalität füllen zu können, hat sie sich ganz mit ihrer weiblichen Kraft zu verbinden (*Schlange*), und zwar mit allen Persönlichkeitsanteilen. Dieser Prozess treibt ihr inneres Wachstum voran und führt sie zur Häutung (*Schlange*). Er verlangt Sichtbarkeit und Aufrichtekraft ihres ganzen weiblichen Wesens und die Integration aller persönlichen Anteile, auch der ungeliebten Schattenseiten (Schlange). So schafft sie Heimat für Geist, Seele und Körper, auch wenn in der äußeren Heimat (*Haus*) und in beruflichen Belangen (*Anker*) bisherige Formen zu verabschieden sind oder zu Ende gehen (*Sarg*). Im Wissen, dass Abschied die Grundvoraussetzung dafür ist, damit Neues entstehen kann, braucht dieser Raum und Zeit. Energien, die im Bisherigen gebunden waren, stehen nun befreit zur Verfügung und können für die Lernerfahrung der Seele genutzt werden (*Kreuz/Ruten*). Die *Ruten* auf dem Haus der *Eulen* verweisen die FS auf ihre eigene Schattenarbeit.«

Die Zukunft der FS finden wir in den diagonal liegenden Karten rechts und links über und unter der Karte der *Dame*. Zuerst geht es um die linke Diagonale von *Schiff*, *Kreuz*, *Dame*, *Haus* und *Störche*:

»Vertraue dich deinem Lebensstrom an (*Schiff*), werde sichtbar, indem du deine Segel in den Wind setzt, und zeige dich und dein weibliches Potenzial ganz (*Dame*). Nutze die Energien dieser neuerlichen Menschwerdung (*Kreuz*), damit sie dich zu ungewohnten Ufern tragen (*Störche*). Das entspricht voll deinem Seelenplan (*Kreuz*). Sie will sich mit erweitertem Horizont auf neuer Ebene (*Störche*) Heimat schaffen (*Haus*).«

Die rechte Diagonale mit *Schlüssel*, *Sarg*, *Dame* und *Ring* erzählt:

»Mit Sicherheit (*Schlüssel*) führt dich dieser äußere Tod, die Verabschiedung vom Bisherigen (*Sarg*) deiner Ehe (*Dame* im Haus des *Parks)* in eine innigere Verbindung (*Ring*) zu dir als Frau (*Dame*) und offenbart dir dein innerstes Wesen (Offenbarung = Haus des *Parks*). In diesem Prozess führt dich die Auferstehungskraft (*Sarg* liegt auf dem Haus des *Kindes*) deines bisher eher leblos scheinenden inneren Kindes zu mehr Beweglichkeit, Vitalität, Authentizität und Freude (*Kind*).«

Und wo liegt die Karte des *Herrn*? Was sagen die ihn umgebenden Karten zu seiner Situation? Auf den ersten Blick wird klar, dass das Paar, die *Dame* und der *Herr*, entgegengesetzte Wege gehen. Durch die übereinanderliegenden Reihen, in denen ihre jeweilige Karte zu liegen kommt, wird deutlich, dass sie durch ihre Vergangenheit noch verbunden sind. Jeder Part wendet sich der eigenen Situation zu.

Hinter ihm liegen von links nach rechts *Mond*, *Bär*, *Kreuz*, *Ruten* und *Sarg*. Diese Karten erzählen, dass er im Glanz einer Frau (*Mond*) seine Großartigkeit genossen hat (*Bär*), welche ihm von dieser Angebeteten auch gern gespiegelt wurde (*Mond*). Ihm liegt diese souveräne Rolle als heimlicher (*Mond*) älterer Liebhaber (*Bär*), mit der er sein Geschick (*Kreuz*) herausforderte (*Ruten*), das letztlich darin besteht, dass er seine beiden ihm innewohnenden Pole deutlicher zu erfahren hat. Indem er sich über die bisher gültige Form seiner Ehe (*Park*) erhebt (*Bär*), will er von dem, was in ihm abgestorben ist (*Sarg*, im Rücken des *Herrn*), ablenken. Er schwächt damit sich, die Familie und die Partnerin in dieser Ehe. Er wendet sich von dem ab, was er selbst herbeigeführt hat und kann die Dramatik und Tragweite, die sich daraus in der Realität ergibt, im Hier und Heute nicht fassen (*Park*, *Berg*).

Die Karte des *Herrn* selbst findet sich auf dem Heimathaus des *Fuchses*, der in die entgegengesetzte Richtung schaut wie er. Dies zeigt deutlich die Aufteilung in zwei verschiedene Leben, in das äußerlich anerkannte (*Park*) und in das heimliche, an der Peripherie geführte (*Fuchs*). Dies ist sein »Tod« (*Sarg*), denn letztlich ist es gegen seine Natur (*Kreuz*), sich über andere zu erheben (*Bär*) und sich von weiblichen Empfindungen feiern und bewundern zu lassen (*Mond*). Als Heimathaus der *Sense* erzählt die Karte des *Bären* auch von den Verletzungen, die er sich und anderen durch seine Doppelnatur zufügt. Er braucht es, sowohl in seiner Ehe wie auch in Beziehungen zu Frauen außerhalb der Ehe als der Große, Starke gesehen zu werden. Seine Seele lehrt ihn (*Kreuz/Ruten*), authentisch zu werden und den »Tod« seiner Ehe (*Sarg*) sowie den Verlust seiner Kinder (*Sarg* auf dem Haus des *Kindes*) als selbst inszeniert zu begreifen (*Ruten/Sarg*).

Vor dem *Herrn* liegt der *Park*, der in diesem Fall die Ehe als öffentlich anerkannte Institution symbolisiert. In dieser war er bisher führend und unantastbar (Haus des *Bären*). Bildlich gut vorstellbar hat er sich mitten in dieses seit vielen Jahren mit viel Aufwand gepflegte äußere Erscheinungsbild seiner Ehe (*Park*) ein hohes Bergmassiv (*Berg*) gesetzt: weithin sichtbar und mächtig. Er ist momentan innerlich und äußerlich bewegungsunfähig, das Vergangene hat ihn eingeholt.

Dementsprechend liegt eine unüberwindlich scheinende Schranke (*Berg*) vor ihm, denn die Überheblichkeit und Unantastbarkeit des *Bären* (*Park* im Haus des *Bären*) haben ausgedient. Wenn er diese kontinuierliche Stagnation als spirituelle Gabe versteht (*Berg* im Haus der *Sterne*), wird er ganz bei sich ankommen und sein höheres Lebensziel (*Berg*) erkennen. Alsdann ist es ihm möglich, Konflikten nicht mehr den Rücken zuzukehren (*Sarg*) oder gar sein eigenes Herz und seine eigenen Emotionen mit Füßen zu treten (*Herz* unter dem *Herrn*). Ebenso hat dann die Erniedrigung des Weiblichen und von Frauen im Allgemeinen (*Herz*) ein Ende und sein Herz kann in Freiheit sichtbare neue Wege gehen (Heimathaus der *Wege*).

Die acht Karten, die den *Herrn* umgeben, deute ich von rechts gegen den Uhrzeigersinn: Die momentane Ehesituation (*Park*) will in ihm das Bewusstsein (*Sterne*) für sein eigenes Handeln wecken und ihm den Blick dafür schärfen, welches innere Beziehungssystem in ihm lebt, das ihn handeln lässt und sich auf die, die sich auf ihn beziehen, auswirkt. Wenn er diese Krise als Chance (*Sterne*) begreift und sich für den Prozess des inneren Wachstums (*Sterne* auf dem Heimathaus der *Schlange*) Zeit lässt (*Schlüssel*), sich dem Fluss des Lebens (Lemniskate im Schlüsselband) anvertraut, kann er dank einer energetischen Neugeburt (Flamme/*Sarg*) mit Sicherheit (*Schlüssel*) auf die Befreiung von Lebensenergie hoffen (*Brief*). Diese schließt ihn zuinnerst (*Herz*) an Vitalität und wahre Lebendigkeit an (*Fische*), die ihm wahre Sicherheit (*Anker*) und Gleichmaß (*Fische*) bringen.

Doch momentan scheint der Berg vor seinen Füßen so groß zu sein (*Park* auf dem Heimathaus des *Bären*, gefolgt von der Karte des *Bergs*), dass er noch nicht einmal seinen eigenen Anteil an dem Prozess sehen kann (*Fuchs* als Hauskarte des *Herrn* schaut zurück/nach links). So hofft (*Brief*) er sicherlich (*Schlüssel*) noch ziemlich unbeteiligt (*Brief*), der »Kelch« in Form von Konsequenzen möge an ihm vorübergehen (*Brief/Sarg*). In diese Hoffnung bindet er obendrein den Erhalt von beruflichen (*Anker*) und finanziellen (*Fische*) Bezügen, wobei auch Herzensdinge (*Herz*) unberührt bleiben sollen. Doch gerade diese bisher stabilen Säulen werden sich verändern. Denn die Karte des *Ankers* liegt auf dem Heimathaus des *Berges*, die Herzkarte auf dem Haus der *Wege* und die Karte der *Fische* wird vom Heimathaus der Mäusekarte gefärbt. Das, was dem *Herrn* bisher als selbstverständliches Fundament diente (zu Füßen des *Herrn* liegende Karten), wird sich aufgrund der Krise verändern. Beruflich geht erst einmal gar nichts weiter, in Herzensdingen werden ihm Entscheidungen abgenommen und die Finanzen werden schwinden.

Die Zukunft des *Herrn* liegt in den Diagonalen. Zuerst deute ich die von links oben nach rechts unten: *Brief, Herr, Fische, Fuchs.*

Wenn es dem *Herrn* möglich wird, die Nachricht (*Brief*) seines Herzens zu vernehmen, dann wird er sich seiner Doppelnatur (*Fuchs*) gewahr und er kann sich mit dem Wissen, Teil eines Großen Ganzen (*Fische*) zu sein anfreunden, unabhängig von äußerer Bewunderung und materiellen vorzeigbaren Gütern. Damit schließt er sich an seine wahre Natur (*Fische* liegen auf dem Heimathaus der *Sonne*) und an den kosmischen Lebensstrom an (*Fische*). Etwas in ihm sehnt sich nach dieser Wahrheit (*Fuchs* schaut auf die *Fische*, *Fuchs* liegt auf dem Heimathaus des *Mondes*). Doch noch erkennt er diese Wahrheit nicht.

Diagonal von rechts oben nach links unten liegen die Karten *Sterne*, *Herr*, *Anker*, *Schlange* und *Wolken*.

Die Verbindung mit dem Schöpferischen (*Herr*) lässt ihn den kosmisch spirituellen Sinn des Ganzen und seines Lebens erkennen (*Sterne*) und er findet darin Halt (*Anker*). Reifung und Häutung finden statt, während er sich der machtvollen Anteile seiner Anima bewusst wird (*Schlange*). Sobald ihm die Integration all seiner Persönlichkeitsteile gelingt, gehören undurchschaubare Inszenierungen (*Wolken*) der Vergangenheit an und die Bewegungen des Lebens (*Wolken*) entwurzeln niemanden mehr.

Für die Siebenerauszählung schiebe ich jede siebte Karte ab der Personenkarte der Fragestellerin in Schreibrichtung zwei Zentimeter nach oben und deute diese fünf Karten als Zusammenfassung der Legung.

Ring, *Klee*, *Brief*, *Ruten* und *Sonne* wollen Annes Thema komprimieren. »Übernimm die Verantwortung (*Ruten*) und werde dir deines Anteils (*Ring*) an dieser Situation, die die Nachricht (*Brief*) über eine Liebschaft ans Licht brachte, bewusst (*Sonne*). Betrachte wiederkehrende Situationen (*Klee)* deiner Ehejahre (*Ring*) unter dem Aspekt, wie sie das Heute (*Klee*) mit erschaffen (*Sonne*) haben.«

Die Fünferauszählung bietet der Fragestellerin eine zusätzliche Möglichkeit, sich der Bedeutung ihrer momentanen Lebenssituation klar zu werden und differenzierte Fragen zu bereits gedeuteten Aussagen zu stellen. Dazu wird jede fünfte Karte der gesamten Legung, oben links beginnend, in Schreibrichtung aus dem Spiel genommen. Zunächst können sie der Reihe nach, wie sie gezogen wurden, gedeutet werden.

Die Karten *Brief*, *Bär*, *Park*, *Dame*, *Buch*, *Mäuse* und *Kind* legen noch einmal dar, um was es in Annes Leben gerade geht: »Die Nachricht (*Brief*) über das Doppelleben ihres gerne in der Öffentlichkeit groß und gut dastehenden Partners (*Bär)* bringt Anne (*Dame*) dazu, das Lebenskapitel (*Buch*), das sie mit ihm lebte (*Park*), zu beenden und ihr Leben (*Mäuse*) mit der ihr eigenen Vitalität (*Kind*) neu zu beginnen.«

Nun mischt Anne diese sieben Karten und legt sie auf die durch diese Ziehung leergewordenen Plätze. Die bisherigen Aussagen erhalten dadurch einen weiteren Aspekt.

Die Karte der *Dame* lag jetzt zwischen den *Eulen* und dem *Schlüssel* auf dem Heimathaus des *Baumes* (Augenblick, Individualität, Sicherheit). Der *Bär* fand sich an seinem alten Platz wieder (verstärkt die zuvor gemachte Aussage), das *Kind* stand vor dem *Herrn* (er hat sich Neuem zugewandt) der *Park* reihte sich neben die *Sonne* (verstärkt die Aufforderung, sich nach außen hin zu öffnen) und die Stelle des *Buches* wurde von den *Mäusen* (Verlust von Bisherigem, Ende der Einsamkeit) besetzt. Neben dem *Haus* kam der *Brief* zu liegen (sie erwartet den Verlust ihrer Heimat) und vor den *Störchen* als zweitletzte Karte das *Buch* (weitere Lebenskapitel mit glücklicher Hand selber schreiben).

Anschließend entferne ich diese sieben Karten wieder aus der Legung, Anne mischt sie erneut und legt nun dort, wo sie ein weiteres Mal nachfragen will, eine oder mehrere dieser Auswahlkarten verdeckt dazu, indem sie eine diesbezügliche Frage stellt.

»Was braucht mein Abschied?« Anne hatte mit dieser Frage zwei Karten zum *Sarg* gelegt. Beim Umdrehen zeigten sich das *Buch* und der *Park*. »Finde einen dem Gewordenen gemäßen und würdevollen Abschluss und wende dich der Pflege deiner eigenen Persönlichkeit zu. Öffne dich, die Welt erwartet dich in deiner Reife.«

»Was habe ich als Frau nun selbst zu leben?« Bei der *Dame* fand sich die Karte des *Bären*. »Nimm dein eigenes Revier in Besitz, fülle deinen dir gemäßen Raum mit deiner Persönlichkeit und sei sichtbar. Integriere das Potenzial zur Selbstdarstellung, das bisher dein Partner verkörpert hat, und lebe dich ganz.«

»Wohin führt mein nächster Schritt?« Anne hatte den *Brief* und die *Dame* zu den *Wegen* gelegt. »Sei in Erwartung deiner Selbst ganz du!«

Die Antwort der Karten auf die Frage von Anne: »Welches Zeitfenster soll ich meinem Partner lassen?«, ist deutlich beantwortet. Die Legung zeigt zwei völlig unterschiedliche Zeitfenster, wenn ich den Begriff von Anne hier einfach weiter verwenden will. Es geht darum, dass sie ihrem inneren Wissen, ihrer Intuition und ihrem eigenen Tempo traut. Sie ist längst dabei, eigene Schritte zu gehen, und ihre Seele ist bereits unterwegs. Dabei kann sie weiterhin offen bleiben für das, was in der Abschiedsphase noch zu tun ist. Vor allen Dingen hat sie das Thema Abschied wirklich ernst zu nehmen und ihren dahingehenden Gefühlen Raum zu geben. Denn das Ende einer Ehe will gut beschlossen sein. Für Anne gibt es nur das Heute zu bedenken, doch keine Zeitfenster, vor allen Dingen keine, die für andere offen zu halten wären.

Anhang

Lösungen zu den Aufgaben aus allen Kapiteln

Alle Lösungen sind unter der jeweiligen Kapitelüberschrift zu finden. In jedem Kapitel beginnt die Nummerierung wieder bei Aufgabe 1. Wenn Sie aufgefordert sind, eine eigene Geschichte zu erzählen, dann gibt es keine eindeutige Lösung, entsprechend werden Sie hier auch keine Lösungsvorgabe finden. Die Fragen zu den 36 Karten sind sehr persönlich und individuell zu beantworten, deswegen werden auch zu diesen keine Lösungen angeboten.

Geschichten erzählen – Die Kunst des Antwortens

Aufgabe 2 Geschichten à la Lenormand

b) Eine subjektive Debatte übers Älterwerden
c) Die Entscheidung in Herzensangelegenheiten führt zu einem Ja.
d) Einladung für einen Neubau
e) Hier träumt jemand von harmonischem Familienglück
f) Die Anstrengung der letzten Jahre und die gute Zusammenarbeit haben sich gelohnt. Eine Beförderung steht an.

Die Kunst des Kombinierens

Aufgabe 1 Welche Karte passt dazu?

a) Bär
b) Berg
c) Störche
d) Ruten
e) Klee
f) Kind
g) Eulen
h) Baum
i) Fuchs
j) Mäuse
k) Lilien
l) Sterne
m) Buch
n) Brief
o) Wolken
p) Sonne
q) Kreuz

Aufgabe 2 Was symbolisiert diese Karte?

a) Bote, Überbringer, Horizonterweiterung
b) Erotik, Rivalin, Aufrichtekraft
c) Heimat, Fundament, Zugehörigkeit
d) Ende, überkommene Formen begraben, Phönix aus der Asche
e) Finanzen, Materielles, ein Teil des Großen Ganzen sein
f) Entscheidung, neue Wege gehen, geistige Beweglichkeit
g) Kameradschaft, Sicherheit, Vertrauen
h) Plötzliches, Verletzung, Ernte, Reife
i) Verbindung, Vertrag, Wiederholung
j) Geschenk, Vielfalt, Kreativität
k) Erfolg, berufliche Selbstständigkeit, Trennung
l) Sicherheit, Er/Öffnung, Dualität
m) Herzlichkeit, Liebe, Kreativität
n) Spiritualität, Träume, Klarheit
o) Bestimmung, Religion, Aufrichtigkeit

Aufgabe 3 Wie ist etwas?

a) glückliche Reise
b) sicherer Vertrag
c) stürmische Begeisterung
d) anstrengendes Studium
e) hoffnungsvolle Veröffentlichung
f) emotionale Sicherheit
g) kämpferische Ausstrahlung
h) erotische Frau
i) kleiner Flirt

Begegnung und Beziehung – Die Kombination von zwei Karten

Aufgabe 1 Urlaubswünsche

a) Kurzurlaub
b) Ein geschmackvoller all inclusive Urlaub zu zweit
c) Ein Herbsturlaub in bekannter Gegend, dort Neues erforschen und ausprobieren
d) Wanderferien für sich allein mit genügend Zeit für Rückzug und Ruhe zum Lesen und um In-sich-zu-Gehen
e) Städtetrips mit Kulturangeboten
f) Traumurlaub zu zweit
g) Entscheiden Sie sich für ein «Dialogseminar« im sonnigen Süden

h) Ein Frauenpower-Urlaub
i) Spontan losfahren und überraschen lassen. Dort halten, wo es gefällt.

Aufgabe 2 Zwei Autorinnen
Autorin 1 zieht sich zurück, schreibt konzentriert und fundiert und schöpft aus ihren vorhandenen Quellen (*Turm*). Die andere trägt mit Leichtigkeit ihr Wissen zu Markte und lässt sich in der Phase des Schreibens von dem, was ihr begegnet, emotional und geistig anregen (*Schiff*).

Aufgabe 3 »Was kann ich wirklich?«
Entscheidungen treffen (*Ruten*), die Realität von verschiedenen Gesichtspunkten aus betrachten (*Wege*), einen Dialog führen und entscheidungsfreudig neue Wege (*Wege*) herausfordern.

Wo geht es hin? – Kombination von drei Karten

Aufgabe 1 »Was soll ich bezüglich meiner Arbeitssuche unternehmen?«
»Hören Sie ganz in sich hinein (*Sterne*). Vertrauen Sie Ihrer inneren Stimme (*Sterne/Eulen*) und setzen Sie das, was diese Ihnen sagt (*Eulen*), in die Tat um (*Herr*).«

Aufgabe 2 »Wie soll ich mit meiner halbwüchsigen Tochter umgehen?«
Die Mutter kann ihre eigenen Interessen wahrnehmen (*Dame* – Blickrichtung links). Gegenüber ihrer Tochter soll sie sich konfliktbereit und dialogfähig zeigen und ihr damit ein Vorbild sein (*Dame/Ruten*). Die Tochter will kraftvolle eigene Wege gehen (*Schiff*) und braucht das Gefühl, dass ihre Mutter ihr dies auch zutraut (*Schiff*). Auf dieser Grundlage können beide ihren Standpunkt vertreten und Verantwortung für sich selbst und die Beziehung übernehmen (*Ruten* zwischen Mutter und Tochter).

Die Lage der Karten

Aufgabe 1 Positionstausch von *Wolken* und *Schlange*
Diese Frau ist undurchschaubar / stürmische, rätselhafte Geliebte / unergründliche Umwege / vorübergehende Entwicklung

Aufrichtige und unerschütterliche Frau / Geliebte, die ihre Lust gern zeigt und lebt / Übersicht nach kurzfristiger Unsicherheit / gestärkt aus einer Entwicklungsphase hervorgegangen

Aufgabe 2 Positionstausch von *Blumen, Fuchs* und *Fische*
Fuchs (1), *Fische* (2), *Blumen* (3)

Aufgabe 3 Positionstausch von *Blumen, Fuchs* und *Fische*
Fische (1), *Blumen* (2), *Fuchs* (3)

Hier liegt die Besonderheit darin, dass auf dem Platz der Zukunft (3) eine Karte liegt, die nach links blickt. Dies gibt dem Gegenwärtigen Gewicht (die Zukunft des *Fuchses* liegt links) und das Heute wird zum Inhalt der Zukunft.

Aufgabe 4 »Wie steht es um meine Gesundheit?«
Dank der familiär bedingten Veranlagung (*Lilien*/Vergangenheit) steht Vera da wie das blühende Leben (*Baum*), das ihr auch erhalten bleiben wird (*Blumen*/ Zukunft). Daran können selbst die immer wieder auftauchenden sorgenvollen Gedanken nichts ändern (*Wolken*/Denken), denn der *Anker* unter dem *Baum* spricht von »chronisch« guter Veranlagung (Fundament).

Quersumme 13 *Das Kind*: Vera kann unbesorgt ihr Leben in die Hand nehmen, unnötige Sorgen entlassen und einen Neuanfang wagen. Dazu sollte sie sich klar werden, was sie so besorgt macht. Etwas in ihrem Leben scheint undurchschaubar, womöglich in beruflicher Hinsicht, und anstatt sich sorgend in ihrem Körper aufzuhalten kann sie ihre Energien auf das, was sie bisher nicht durchschauen konnte, durchleuchten (*Wolken* an der Spitze der Vertikalen).

Wechselnde Richtungen und andere Eigenwilligkeiten

Aufgabe 1 Blickrichtung, Bringerkarten und Belastungskarten
a) *Reiter, Schlange, Kind, Fuchs, Störche, Hund, Mäuse, Herr, Dame*
b) *Wolken, Sense, Buch*
c) *Reiter, Schiff, Störche, Brief*
d) *Sarg, Sense, Mäuse, Kreuz*

Aufgabe 2 Lage der Mauskarte
a) rechts b) links

Aufgabe 3 Lage der Sensenkarte
a) rechts b) oben c) links

Aufgabe 4 Lage der Fuchskarte
a) links b) oben c) rechts

Aufgabe 5 Lage der Kreuzkarte
a) oben b) links c) rechts

Aufgabe 6 Lage der Sargkarte
a) oben b) rechts c) links

Menschsein auf dieser Erde – Legungen im Kreuz

Aufgabe 1 »Wie geht es Katja?«
Das Mädchen war schwer krank (*Sarg* im Rücken des Kindes/ Vergangenheit; beachten Sie hier die Blickrichtung). Sie ist auf dem Wege der Besserung (*Blumen*/Zukunft). Diese Situation war eine große Belastung (*Sense*) für alle Beteiligten, doch der Glaube an Besserung und das Wissen um kosmisches Getragensein hat diese Zeit begleitet (*Sterne*). Quersumme 6 *Die Wolken:* Baldige Besserung

Klarheit und Zielfindung – Die original 4er/5er/9er-Legung

Aufgabe 1 Entwicklung von Unabhängigkcit
Der Fuchs als zentrale Karte zeigt Margaretes bisherige Vorsichtigkeit der ersten Jahre ihrer Selbstständigkeit. Aus Sorge um Verlust von »Substanz« (*Mäuse*) hat sie sich sehr umsichtig verhalten, war jedoch auch immer wieder unsicher. Ihre Wahrnehmungen waren auf die Sicherung des Vorhandenen ausgerichtet (*Fuchs, Mäuse*). Die stärkende Kraft ihrer Spiritualität ist ihr bewusst (*Sterne*), doch sobald sich die trennende Sorge in den Mittelpunkt schiebt (*Fuchs, Mäuse*), fällt es ihr schwer, die Realität richtig einzuschätzen (*Fuchs, Mäuse*) und dem Leben zu vertrauen (*Sterne*). Die Quelle ihres Seelenlebens, ihrer Gefühle und Wünsche sind hinsichtlich dessen, was sie nährt, bewusst zu beachten (*Mond*). In der Kraft ihrer Weiblichkeit (*Mond*) liegt der Erfolg. So kann sie darauf vertrauen, dass auf einen abnehmenden Zyklus ein zunehmender folgen wird. Um sich beruflich klar aufzurichten und unabhängiger zu werden, hat sie sich deutlicher als bisher in die Welt zu stellen, sie hat ihr Können zu zeigen und für dieses Verantwortung zu übernehmen (*Ruten* an der Spitze der Vertikalen). Die Standpunkte anderer wird sie als Zugewinn an Wissen und zur eigenen Anregung nützen, anstatt diese trennend zu erleben (*Ruten*). Die ihr wesensgemäße Spiritualität, die ihr Kraft gibt und den Rücken stärkt, hat sie bisher zu oft verschwiegen (*Fuchs* links der *Sterne*). Beide See-

lenkarten, die der *Sterne* und die des *Mondes*, weisen auf ihren inneren Reichtum hin.

Die Eckkarten stellen gleich die dritte Seelenkarte des Decks, das *Schiff*, neben den *Mond*, und in Kombination mit dem *Park* wird hier angezeigt, dass Margarete genau diese Qualität der hohen Empfänglichkeit ihrer Seele pflegen und diese Quelle der Öffentlichkeit zugänglich machen soll. Wenn sie sich von vorsichtiger Substanzsicherung löst und die Grenzen ihres bisherigen Systems erweitert (*Reiter*), wird sie sicher (*Schlüssel*) beweglicher werden und an Unabhängigkeit gewinnen, so, wie sie es sich wünscht. Indem sie ihre Sicht auf die Welt (*Ruten*) anderen zeigt, wird sie zur Botin für andere (*Reiter*), die dank Margaretes Spiritualität Orientierung und Zugehörigkeit finden können (*Schlüssel*).

Die senkrechten drei linken Karten zeigen das Ich. Diese versichern ihr (*Schlüssel*), dass die Mäuse (der Legung, nicht der Quersumme) als Symbol für ihre Substanzsicherungssorge an den Wurzeln von Margaretes Potential (*Schiff*) nagen. Sobald diese ihrer Aufgabe beraubt werden (*Fuchs*), kann sie ihre ganze Kraft zeigen (Schiff).

Die senkrechten rechten Karten zeigen das Du (abgeleitet von einer Horoskopzeichnung) und fordern Margarete eindeutig auf, sich als spirituelle Botin der Welt zur Verfügung zu stellen.

Diagonal von links oben nach rechts unten: Die Ausrichtung (*Fuchs*) auf reine Sicherheit verschließt (*Schlüssel*) ihr den Zugang zur Öffentlichkeit (*Park*).

Diagonal von rechts oben nach links unten: Die Ausführung ihres inneren Auftrags (*Reiter*), ihre eigene Wahrheit (*Fuchs*) in die Welt zu tragen (*Reiter*), zeigt ihr Können und lässt sie neue Ziele ansteuern (*Schiff*). Die Menschen erwarten sie.

Quersumme Kreuz = 24 *Herz*: »Sei mit ganzem Herzen dabei!«

Quersumme Eckkarten = 21 *Berg*: Die bisherigen Anstrengungen ihrer Entwicklung führten zu dem Ziel, wegweisend für andere zu sein.

Quersumme aller beiden Diagonalen = 35 *Anker*: Sie kann sich auf sich und ihr Können verlassen.

Quersumme gesamt = 19 *Turm*: »Dein beruflicher Raum ist vorhanden. Belebe ihn. Sein Fundament steht fest und aufrecht. Die Konzentration auf das dir Wesensgemäße führt zum Erfolg und fördert deine eigene Entwicklung.«

Das große Blatt – Vorgeschmack aufs Finale. Die 9er-Kombination

Aufgabe 1 »Was für ein Mensch ist der Chef?« – eine Charakteranalyse
Hier handelt es sich um eine **gesellschaftlich anerkannte** (*Park*) und **gut situierte** Person (*Bär*), **unerschrocken innovativ** (*Kind*), die ihre beruflichen Ziele **flexibel** und **energisch** umsetzt (*Schiff*), sie gleichzeitig der Marktentwicklung **anpasst** und **erneuert** (*Kind*). Diese Person ist **weiblich** (*Dame*) und hat ein **sicheres** Gespür (*Sterne*) für Finanzen und erkennt **weitblickend unternehmerische** Möglichkeiten (*Fische*). Diese optimistische Energie nährt sie und andere (*Sonne*). Interessant ist, dass sie ihr Innerstes wenig zeigt und eher **verschwiegen** wirkt.

Aufgabe 2 »Welche Qualitäten müsste der Partner haben, den diese Frau lieben kann?
individuell, authentisch, froh, konfliktfähig, emotional, Freude an Sex und zufriedenem Miteinander, zugewandt, kommunikationsfähig

Aufgabe 3 «Welches Entwicklungsziel hat sich diese Person für ihr Mensch-Sein auf dieser Erde vorgenommen?«
Rechts vom Kreuz gegen den Uhrzeigersinn beginnend: *Sterne, Herz, Berg, Wolken, Wolken, Wolken/Berg, Wolken/Klee, Klee, Sense, Mäuse, Park.*

Schritt für Schritt – zum großen Wurf – Die große Lenormandlegung

Aufgabe 1 Häuserkombination der Signifikatoren
Park/Bär = Öffentliche Position und gesellschaftliche Anerkennung

Ring/Brief = allgemein: Nachricht bezüglich einer Verbindung, hier rechts davon die *Schlange* = Informationen über eine Geliebte

Störche/Kreuz = ein Neuanfang gehört zur jetzigen Entwicklung, mag er noch so belastend sein.

Aufgabe 2 Weiterführendes Lebensthema
Anne hat sich den Problemen (*Wolken*) des Alltags (*Klee*) zuzuwenden, sie bewusst in die eigene Hand (*Kind*) zu nehmen und Grundlegendes zu ändern (*Störche*). Oder:

Kleines (*Kind*), Alltägliches (*Klee*), Bagatellen (*Kind*) und Unscheinbares (*Klee*) stauen sich aufgrund von Unachtsamkeit so lange auf (*Wolken*), bis es »knallt« und die darin gebundene Energie erlöst wird (*Störche*). Mehr Bewusstheit und Treue zu sich selbst wird befreiend sein (*Störche*).

Aufgabe 3 Eigenschaften von Anne
Rechts neben der Dame beginnend: Selbstsicher, verletzt/traurig, ärgerlich/konfliktbereit, unbeirrbar, optimistisch, verbindlich, kraftvoll, heimatverbunden/authentisch/sicherheitsliebend

Aufgabe 4 »Wie geht es diesem Paar?«
Die bisher verbindende Sicherheit ist dahin. Das lähmt.

Aufgabe 5 Was bedeutet das doppelte Vorkommen der Karte des *Klees*?
Verstärkung des Themas: Den Kleinigkeiten Wert beimessen, Großes im Kleinen erkennen

Mind Map – Die Erweiterung des Wissens

Um im Selbststudium das Wissen um die Deutungen der einzelnen Lenormandkarten noch weiter vertiefen zu können, stelle ich Ihnen hier das Arbeitsmittel »Mind Maps« vor. Als ich für dieses Arbeitsbuch angefragt wurde, war meine erste Tat, mir mithilfe meiner Buntstifte und DIN-A-3-Blättern große Mind Maps zu erstellen. Ganz spontan zeichnete ich farbig auf, was meine Erfahrungen zu jeder einzelnen Darstellung gespeichert hatten. Ich ließ meiner Kreativität freien Lauf. Ich war mitten drin im Thema. Eine solche Begriffesammlung ordnet die überschießende Fülle freier Assoziation. Eine Mind Map lockt Verborgenes ans Tageslicht, kennt keine Grenzen, vergrößert gesammeltes Repertoire, fördert die Entwicklung und ist jederzeit erweiterbar.

Hier habe ich Ihnen eine solche Mind Map zusammengestellt. Sie sehen, ich habe den einzelnen Bereichen wie Personen, Schlüsselworten, Assoziationen und Eigenschaften jeweils eine eigene Farbe zugeordnet. Das rate ich auch Ihnen, wenn Sie sich solche Mind Maps anlegen. So behalten Sie den Überblick. Noch differenzierter wird diese Arbeit, wenn Sie verschiedene Mind Maps anlegen. Die erste kann Ihnen beispielsweise nur für die Bildbetrachtung dienen und unter dem Gesichtspunkt entstehen: »Was sehe ich?« In einer zweiten können Sie alle Schlüsselworte aufschreiben, die Sie kennen. Auf diese Weise erweitern Sie Ihre Deutungsmaterialen um ein Vielfaches. Sie können anfangs bei Ihren Legungen auf Ihre Mind Maps zurückgreifen, später werden sie merken, dass Sie mit den Bildern alle Bedeutungsmöglichkeiten abgespeichert haben und dass sie ohne nachzuschauen abrufbar sind.

Literaturhinweise

Banzhaf, Hajo: Symbolik und Bedeutung der Zahlen. München: Goldmann 2006

Banzhaf, Hajo: Gut beraten mit Tarot. München: Goldmann 2006

Bauer, Joachim: Warum ich fühle, was du fühlst. München: Heyne 2006

Green, Jeff: Pluto in Beziehungen und Partnerschaften. Freiburg i.Br.: Ebertin 1998

Ripota, Peter und Kirsch, Yshouk: Die Wahrsagekarten der Madame Lenormand. München: Heinrich Hugendubel Verlag/Kailash 2007

Schaub, Sabine: Die Kunst der Kartomantie. Mering bei Augsburg: pro literatur 2005

Okkult – Zeitschrift zu Grenzbereichen der Wissenschaft Nr. 2

Lenormand meisterhaft erklärt

Regula Elizabeth Fiechter
Mystisches Lenormand
Mit Bildern von Urban Trösch
Set: Buch PB, farbig, 280 Seiten,
36 Karten »Mystisches Lenormand«
ISBN 978-3-03819-040-0

Regula Elizabeth Fiechter
Lenormand – ganz einfach
Set: Buch PB, farbig, 104 Seiten,
36 Lenormandkarten »Blaue Eule«
ISBN 978-3-03819-171-1

Harald Jösten
Lenormand – Liebe, Glück, Erfolg
Set: Buch PB, farbig, 96 Seiten,
36 Lenormand-Karten mit Versen
ISBN 978-3-89875-778-2

Erna Droesbeke von Enge
Das Orakel der Mlle. Lenormand
Set: Buch PB, farbig, 174 Seiten,
36 Lenormand-Karten »Blaue Eule«
ISBN 978-3-03819-171-1

KÖNIGSFURT
URANIA

www.koenigsfurt-urania.com
Wir unterstützen den Ersten Deutschen Tarotverband (Tarot e. V.): www.tarotverband.de